Fürstinnen von Thurn und Taxis

Marita A. Panzer

Fürstinnen von Thurn und Taxis

Verlag Friedrich Pustet
Regensburg

Für die Mitglieder des Regensburger Ruder-Klubs von 1890 e. V., deren Protektor SD Fürst Albert von Thurn und Taxis ist und deren Ruderboote so fürstliche Namen tragen wie „Erbprinz Gabriel“, „Fürstin Margarete“ und „Fürstin Gloria“.

Bibliografische Information der Deutschen Nationalbibliothek

Die Deutsche Nationalbibliothek verzeichnet diese Publikation in der Deutschen Nationalbibliografie; detaillierte bibliografische Angaben sind im Internet über http://dnb.d-nb.de abrufbar.

www.pustet.de

ISBN 978-3-7917-2133-0

Gesamtherstellung: Friedrich Pustet, Regensburg
Printed in Germany 2008

Inhalt

Vorwort

Seit jeher verdankte das Haus Thurn und Taxis seinen Aufstieg nicht nur dem Postwesen, sondern in gleichem Maße den ehelichen Verbindungen. Die Gemahlinnen der Thurn und Taxis brachten gesellschaftliches Ansehen und verwandtschaftliche Beziehungen zu den bedeutendsten Adelshäusern Europas. Aber es gab auch Heiraten, die den gesellschaftlichen Normen zum Trotz und ohne die allgemeine Anerkennung allein aus Liebe geschlossen wurden. Heute ist das Fürstenhaus von Thurn und Taxis weltbekannt, nicht zuletzt durch seine Fürstinnen – allen voran Gloria von Thurn und Taxis.

Acht Frauen aus fünf Jahrhunderten werden porträtiert. Frauen, wie sie unterschiedlicher nicht sein könnten: von der Gräfin zur königlichen und kaiserlichen Hoheit, von der einfachen Ehefrau zur Linken bis zur hochadeligen Frau Gemahlin. Sie waren tatkräftig und emanzipiert, galant und schön, politisch und sozial engagiert, literarisch interessiert und künstlerisch tätig, tiefgläubig und aufgeklärt, aber auch unglücklich, verschwenderisch und gefährlich. Obwohl geheiratet, um den Stammhalter zu gebären, wuchsen einige der fürstlichen Frauen weit über diese Aufgabe hinaus. Sie begleiteten den Aufstieg und beförderten die Blüte des fürstlichen Hauses Thurn und Taxis.

Ihre spannenden Lebensgeschichten führen durch die Geschichte des fürstlichen Hauses und seines Postwesens, durch die Wirren des Dreißigjährigen Krieges, der Französischen Revolution bis zum Ende des Alten Kaiserreiches, durch Barock und Rokokozeit, Romantik und Biedermeier hin zum Fin de Siècle und dem Fall der Monarchie sowie letztendlich durch zwei Weltkriege und die NS-Zeit bis hinein in unsere republikanische Gegenwart.

Hohes Ansehen, unendlicher Reichtum, prächtige Schlösser – aber auch schreckliche Schicksalsschläge – kennzeichnen die Lebenswege von: Alexandrine von Rye Gräfin von Varax, Augusta Herzogin von Württemberg, Elisabeth von Train, Therese Herzogin von Mecklenburg-Strelitz, Wilhelmine Freiin von Dörnberg, Helene Herzogin in Bayern, Margarete Erzherzogin von Österreich und Mariae Gloria Gräfin und Herrin von Schönburg-Glauchau, der bisher letzten Fürstin von Thurn und Taxis.

Regensburg, im Frühjahr 2008
Marita A. Panzer

Der Name „Thurn und Taxis“

Alexandrine von Rye
Gräfin von Varax
(1589–1666)

Gemahlin des Grafen Leonhard II. von Taxis
(1594–1628)

Stammtafel Alexandrine von Rye

Simon de Rye († 1519)
ꝏ Jeanne de la Baume († 1517)

Christophe de Longwy († 1528)
ꝏ Anne de Neufchâtel († 1530)

Gerard de Rye,
Frh. v. Balançon († 1568)
ꝏ
Claudine Louise de Longwy
(de Villafans)

Justus de Tournon,
Gf. v. Roussillon
ꝏ Claudia de la Tour,
Herrin v. Turenne

Philibert de Rye, Gf. v. Varax ꝏ Claudine de Tournon-Roussillon († um 1600)

Alexandrine v. (de) Rye, Gfn. v. Varax (1589–1666)
ꝏ 1616 Leonhard II. (seit 1624 Gf.) v. Taxis (1594–1628)

Genoveva Anna Gfn. v. Taxis
(1618–1663)
ꝏ 1637 Sigismund Sfondrati,
Marquis de Montafié
(† 1652)

Philipp Lamoral Gf. v. Horn-Houtekerke
(† 1654)
ꝏ Dorothea Jeanne Fstn. v. Arembergh
(1601–1665)

LAMORAL II. Claudius Franz
Gf. v. (seit 1646/50) Thurn u. Taxis
(1621–1677)
ꝏ
Anna Franziska Eugenia Gfn. v. Horn
(1630–1693)

Philipp Leopold v. Thurn u. Taxis
(1650–1657)

EUGEN ALEXANDER,
1. Fürst v. Thurn u. Taxis (1652–1714)
ꝏ (1) Adelheid Przn. zu Fürstenberg-Heiligenberg
ꝏ (2) Anna Augusta Gfn. zu Hohenlohe-Langenburg-Schillingsfürst

(siehe Anhang)

Inigo (Ignatius)
Lamoral v. Thurn u. Taxis
(1653–1713),
kaiserl. General der Kavallerie
in Ober- u. Vorderösterreich
ꝏ 1689 Maria Claudia Franziska Walburga
Gfn. Fugger-Nordendorff
(1668–1721)

ein unbekanntes Kind († 1656)

Genoveva Ernestina (* 1657)
ꝏ Don Martin de los Rios

Isabella Maria (* um 1660)

Anton Alexander (* 1662)

Maria Theresia (* 1663)

Die Erbgeneralpostmeisterin

Beinahe hätte es keine Fürstinnen und Fürsten von Thurn und Taxis gegeben. Wenn da nicht eine unerschrockene, zupackende und vorausblickende Gräfin gewesen wäre.

Alexandrine, geboren am 14. August 1589 in Brüssel, war die Tochter des Grafen Philibert de Rye-Varax und seiner Ehefrau Claudine. Ihr Vater hatte als Großartilleriemeister der spanischen Truppen eine führende Position in den südlichen Niederlanden, dem heutigen Belgien, inne. Die Mutter kam aus dem gräflichen Haus Tournon-Roussillon. Damit entstammte Alexandrine einer alten, wohlhabenden burgundischen Familie. Hochgebildet vereinigte sie alle Kenntnisse, Fähigkeiten und Eigenschaften, die eine adelige Frau damals besitzen musste.

Wohl hatten Alexandrines Eltern nicht mehr zu hoffen gewagt, dass ihre inzwischen 27-jährige Tochter noch einmal heiraten würde, denn sie war bereits standesgemäß als Stiftsdame in Mons untergebracht. Da ehelichte Alexandrine 1616 überraschend den fünf Jahre jüngeren Leonhard II. von Taxis. Dieser kletterte durch die Vermählung mit Gräfin Alexandrine gesellschaftlich eine Stufe höher, ähnlich seinem Urgroßvater Johannes Baptista von Taxis (1470–1541), der ein Jahrhundert vorher (1514) Christina von Wachtendonk die Hand zum Ehebund gereicht hatte. Diese, eine vornehme Patrizierin aus Mecheln im Herzogtum Geldern, gebar ihrem Gatten sechs Söhne und sechs Töchter. Christinas Schwiegervater Roger Taxis, Oberstjägermeister Kaiser Friedrichs III., unterhielt in den kaiserlichen Erblanden einen ständigen Botendienst. Aber erst das Geschick seines Bruders Franz ermöglichte ein Netz von Kurierdiensten zwischen den kaiserlichen Höfen samt Brüssel, das der „letzte Ritter" Kaiser Maximilian geerbt hatte. Schon damals an der Wende zum 16. Jahrhundert verband somit das Taxissche Postnetz den Sitz des kaiserlichen Hofstaates in Innsbruck mit Brüssel, Rom, Paris und reichte später unter Kaiser Karl V. sogar bis nach Spanien.

Als Franz von Taxis ohne legitimen leiblichen Erben starb, hinterließ er seinem Neffen Johannes Baptista nicht nur den wohlklingenden Titel eines „Obersten Postmeisters", sondern auch ein enges Netz von Postniederlassungen in ganz Kontinentaleuropa. Franz von Taxis gilt daher als Begründer des modernen europäischen Postwesens. Sein Nachfolger baute nun die Postverbindungen weiter aus, besorgte zudem die nachmals sogenannte „Feldpost" der Landsknechts- und Söldnerheere, wurde von Kaiser Karl V. zum „Generalpostmeister" ernannt und starb 1541 unerwartet während des Reichstages zu Regensburg. Beigesetzt in Brüssel, hinterließ er seine Witwe Christine mit den zwölf Kindern sowie weitere drei außereheliche Söhne, die Kaiser Karl V. noch zu seinen Lebzeiten legitimiert hatte.

Nachdem Franz, der älteste Sohn und Erbe, bereits 1543 dem Vater in den Tod nachfolgte, gingen die Posten (Plural von Post) auf seinen Bruder Leonhard I. über. Dieser musste sich mit Wilhelm von Oranien und den niederländischen Freiheitskämpfern auseinandersetzen, wobei ihm ein Gutteil des niederländischen Postnetzes im Nordteil des Landes (heute Holland) verloren ging. Kaiser Rudolf II., der in Prag residierte, ernannte Leonhard I. zum „Reichsgeneralpostmeister", das heißt zum ersten Generalpostmeister des Heiligen Römischen Reiches Deutscher Nation, und erhob ihn zudem 1608 gemeinsam mit König Philipp II. von Spanien (ebenfalls ein Habsburger) in den erblichen Freiherrenstand. Damit war die Familie Taxis wieder eine Stufe höher auf der gesellschaftlichen Leiter gestiegen.

Die Taxis blieben den Habsburgern auch weiterhin eng verbunden und so erhielt Leonhards Sohn Lamoral I. von Kaiser Matthias 1615 das Reichspostgeneralat als Erbmanns-lehen und von Kaiser Ferdinand II. wurde dieses 1621 sogar zum „Weiberlehen" erweitert. Nun konnte die Taxis-Post auch an Frauen und deren Ehemänner vererbt werden, wenn kein direkter männlicher Erbe vorhanden war. 1624 wurde Lamoral I. von Taxis, Alexandrines Schwiegervater, wegen seiner Verdienste in den erblichen Reichsgrafenstand erhoben und so konnte sein Sohn und Nachfolger Leonhard II. schließlich mit der gräflichen Familie seiner Gemahlin Alexandrine gleichziehen. Unter dessen Führung vernetzten die Posten ein Gebiet von der Nordsee bis ans Mittelmeer.

Gräfin Alexandrine gebar drei Kinder, von denen Tochter Genoveva Anna (geb. 1618) und Sohn Lamoral II. (geb. 1621) das Erwachsenenalter erreichten. Als ihr Gemahl am 23. Mai 1628 unerwartet in Prag starb, ließ er sie mit zwei unmündigen Kindern zurück.

Das Jahr 1628 erwies sich auch in den Auseinandersetzungen des Dreißigjährigen Krieges, der seit 1618 in Europa tobte, als politisch entscheidend. Wallenstein, der kaiserliche Generalissimus, war in einem einzigartigen Siegeszug bis an die Ostseeküste vorgestoßen. Die kaiserlich-katholische Partei triumphierte. Damit dehnte sich die Reichspost von Brüssel bis Venedig, von Frankfurt am Main bis Hamburg und Leipzig aus. Und dieses Postnetz plante Leonhard II. von Taxis noch zu erweitern, als der Tod den erst 33-Jährigen abberief.

Jetzt wurde die Lehensnachfolge im Postgeneralat aktuell. Da Leonhards einziger Sohn erst neun Jahre alt und schwächlich war, griffen sogleich begehrliche Hände nach dem einträglichen Postgeschäft. Aber Leonhard II. von Taxis hatte in seinem Testament schon vorgesorgt und seine Gemahlin als Vormünderin für die Kinder eingesetzt sowie bestimmt, dass Alexandrine die Leitung des Hauses und der Posten bis zur Volljährigkeit seines Universalerben übernehmen sollte.

Damit schlug Gräfin Alexandrines Stunde! Sie pochte auf das Testament sowie auf das sogenannte „Weiberlehen" und versicherte sich der Unterstützung der spanischen Infantin Isabella. Diese intervenierte am 12. Juni 1628 schriftlich beim Kaiser aus „sonderbarer Zuneigung, welche sie gegen den verstorbenen Grafen wegen seiner guten Eigenschaften und treu eifrigen Dienste und gegen seine Witwe, als einer aus des Herzogtums Burgund vornehmsten Häusern entsprossenen Dame jederzeit gehegt habe".

Letztendlich setzte Alexandrine ihren Anspruch durch. Im August 1628 bestätigte Kaiser Ferdinand II., als „aller Wittib und Waisen im hl. Reich obrister Vormünder", den Lehensbrief von 1615 für die „edle, unsere liebe andächtige Alexandrina Gräfin von Taxis geborene von Rye" und setzte sie zur Vormünderin ihrer Kinder wie zur Erbgeneralpostmeisterin des Reiches ein. Durch ihren „vollmächtigen Anwaldt, den ehrsamen Gelehrten unseren und des Reiches lieben getreuen Fabian Maximum Ponzon der Rechten Doctoren" hatte die Gräfin den Lehenseid vor dem Kaiser ablegen lassen. Auch Philipp IV. von Spanien bestätigte den letzten Willen des Verstorbenen, „solange sie Witwe bleibe und bis ihr Sohn mayorem" werde. Alexandrine selbst musste den Treueid auf den spanischen König in die Hände des Chefs des königlichen Staatsrats Engelbert Maes in Brüssel leisten.

So als Vormünderin ihres Sohnes zweifach bestätigt, übernahm die verwitwete Frau die Leitung des Taxisschen Postunternehmens und der Familie. Trotz der bereits zehn Jahre andauernden Kriegszeiten, trotz der zahlreichen Neider und Konkurrenten, die ebenfalls danach strebten, ein lukratives Postgeschäft aufzubauen, und trotz der Wende des Kriegsglücks von der katholischen zur protestantischen Seite gelang es Gräfin Alexandrine, das Taxissche Postwesen zu erhalten und damit für die Familie zu retten. Wochenlang bereiste sie die Poststrecken, besuchte die verlassenen und ausgeplünderten Poststationen, stellte neues Personal ein, ermahnte und ermutigte die verängstigten Postmeister und Postillione. Sie sorgte für neue Unterkünfte und für ausreichende Bezahlung, ließ Räuber und Vagabunden aufgreifen und verurteilen, stellte bewaffnete Eskorten zusammen und ließ Schutzbriefe für ihre Postreiter ausstellen. Denn die wohl ausgestatteten Poststationen und die guten Postpferde zogen immer wieder Raubgesellen und marodierende Soldaten an. Damals, während des Dreißigjährigen Krieges, war es lebensgefährlich, Taxisscher Postreiter beziehungsweise Postillion zu sein.

Ungeachtet der schwierigen Zeiten brachte Alexandrine wieder leidliche Ordnung ins allfällige Chaos des Postnetzes und erhielt sogar, nachdem die Schweden bis in den Süden Deutschlands vorgedrungen waren, die Reichspost funktionstüchtig. Ein Chronist vermerkte dazu nur lapidar: „Man habe versucht, die gestörten Postkurse ‚auf Umwegen' wieder in Gang zu bringen." Diese Aufrechterhaltung des Posttransportes mittels geänderter Poststrecken verschlang ungeheuere Summen. An die 100 000 Gulden werden genannt. So hielt Gräfin Alexandrine 18 Jahre lang die Briefbeförderung am Laufen und rettete dem Hause Taxis das Postgeschäft und Europa ein zeitgemäßes Kommunikationsnetz.

Mit dieser erstaunlichen Leistung gehört Gräfin Alexandrine zu den großen Frauengestalten des Hauses Thurn und Taxis. Graf Bossi schrieb über sie im „Deutschen Adelsblatt": „Allein schon durch ihre äußere Erscheinung imponierend, von ungewöhnlicher Intelligenz, sprachenkundig und einer bei einer Frau (!) überraschenden Sicherheit im Erkennen günstiger Augenblicke, um sich Gehör zu verschaffen, verfügte sie über eine außerordentliche Tatkraft." Und die „Washington Post" vom 28. Mai 1911 sah in Alexandrine gar eine Vorläuferin der Frauenbewegung; sie war eine „sehr bemerkenswerte Frau", da die Ausübung des Amtes als Generalpostmeister die „höchsten administrativen Fähigkeiten und größte Tatkraft" erforderten. Ludwig Kalmus beurteilte Alexandrine in seiner „Weltgeschichte der Post" (1937) allerdings zwiespältig, wenn er formulierte: In ihrem Charakter „finden sich auch ausgesprochen männliche Züge", denn sie hatte „schon zu Lebzeiten ihres Mannes (...) gar oft entscheidend auf den Gang der Ereignisse eingewirkt und vor allem das schroffe Vorgehen Leonhards gegen seinen Vater veranlasst."

Was meinte Kalmus damit? Worauf stützte er seine Einschätzung?

Zwischen Lamoral von Taxis und seinem Sohn Leonhard bestand in manchen Dingen kein Einvernehmen. Vater Lamoral versuchte, das kaiserliche Postlehen auf eine Seitenlinie der Taxis auszudehnen. Denn er befürchtete, dass Leonhard ohne männlichen Erben bliebe. Zwar gebar Alexandrine nach einer Tochter schließlich am 14. Februar 1621 doch noch den ersehnten Sohn, da aber das Kind schwächlich war, bestand wenig Hoffnung, dass es überlebte. Leonhard wiederum fühlte sich übergangen, kam daher den unerwünschten Plänen seines Vaters zuvor und ersuchte den Kaiser, das erbliche Reichspostgeneralat zur Sicherheit auch auf die weibliche Nachkommenschaft zu übertragen. Der Kaiser entsprach diesem Wunsch am 27. Oktober 1621. Höchstwahrscheinlich steckte hinter Leonhards Vorgehen seine Gemahlin Alexandrine, die auch in späteren Zeiten recht energisch und zielorientiert agierte.

Gräfin Alexandrines hoheitsvolle, gebieterische Erscheinung überliefert auch der sogenannte „Hochzeits- oder Reiterteppich", den sie selbst noch in Auftrag gegeben hatte. Nach dem Entwurf des Antwerpener Nikolaus van der Horst wurde der Gobelin in der Brüsseler Manufaktur von Daniel Eggermans Mitte des 17. Jahrhunderts angefertigt. Die Tapisserie stellt Leonhard II. und Alexandrine, reich geschmückt im gräflichen Ornat durch eine Phantasielandschaft reitend, dar. Der aus Wolle und Seide mit Gold- und Silberfäden durchwirkte Wandbehang ist über 5 Meter hoch und 7½ Meter breit. Er zierte zuerst das Taxissche Palais in Brüssel und ist heute im Regensburger Schloss St. Emmeram zu bewundern.

Brüssel war im 16./17. Jahrhundert der Residenzort des kaiserlichen Postmeisters und zugleich Zentrum der berühmten flämischen Gobelinkunst. Hier residierte zeitweilig auch Kaiser Karl V., der sein Reich, in dem die Sonne nicht unterging, geteilt vererbte: Spanien samt den überseeischen Besitzungen sowie die Niederlande mit Brüssel gingen an seinen Sohn

Philipp II. (König von Spanien) und die Kaiserkrone mit den habsburgisch-österreichischen Ländern an seinen Bruder Ferdinand. So blieb Brüssel nach wie vor ein Machtzentrum der Habsburger; hier regierte der jeweilige Generalstatthalter des spanischen Königs. Seit der Mitte des 16. Jahrhunderts kämpften aber die Niederländer um ihre Unabhängigkeit von der spanischen Krone, bis sich letztendlich nach 80-jährigen kriegerischen Auseinandersetzungen der nördliche Teil (Holland) selbständig machte und der südliche Teil (heute Belgien) beim Katholizismus und beim spanischen Königreich verblieb.

Auch die Zentrale der Taxisschen Post blieb in Brüssel, bis das kriegerische Geschehen und die empfohlene Nähe zum Kaiser im ersten Drittel des 18. Jahrhunderts eine Übersiedlung nach Frankfurt am Main notwendig machte.

Von 1628 bis 1641 führte Gräfin Alexandrine die Dynastie und das Reichspostwesen geschickt durch alle Wirrnisse des Dreißigjährigen Krieges und übergab schließlich ihrem volljährigen Sohn ein funktionierendes, ja sogar erweitertes Postnetz. Lamoral II. baute auf den Leistungen seiner Mutter auf und eröffnete zu den Friedensverhandlungen in Münster und Osnabrück, die den Dreißigjährigen Krieg beendeten, einen zuverlässigen Postdienst, der den umfangreich anfallenden Schriftverkehr pünktlich bewältigte. Dafür wurde er 1653 mit der Ernennung zum kaiserlichen Kämmerer belohnt. Wichtiger allerdings war die kaiserliche Erlaubnis, den bisherigen Namen „Taxis" abändern zu dürfen in „Thurn und Taxis".

Wie kam es zu diesem Namen?

Bereits um 1640 hatte Gräfin Alexandrine den Auftrag gegeben, die Abstammung der Familie Taxis zu erforschen. Denn der Reichsgeneralpostmeister konnte nicht nur Reichsgraf sein, nein, er musste einen höheren Rang einnehmen. Er musste zum Reichsfürstenstand aufsteigen, um eine unanfechtbare Position im sozialen Gefüge des Reiches zu erhalten. Das angestrebte Adelsprädikat würde dazu dienen, das lukrative Postwesen weiter auszubauen und den nach eigenen Posten strebenden Territorialfürsten und Reichsstädten auf gleicher Augenhöhe entgegenzutreten. Um aber in die höchsten Ränge des Reiches aufsteigen zu können, bedurfte es einer fürstenmäßigen Herkunft.

Ursprünglich stammte die Familie Taxis aus der Lombardei; sie lebte im Hinterland von Bergamo, nahe dem Städtchen Cornello. Hier ließen sich mehrere Zweige der „Tassis" nachweisen. Der Name „Tassis" beziehungsweise Taxis leitet sich vom italienischen „tasso" ab und bedeutet Dachs. Diesen führten die Taxis denn auch im Wappen. Im Spätmittelalter kam Bergamo unter die Herrschaft der Herzöge von Mailand und danach an die Republik Venedig. Bereits in Venedig arbeiteten einige Familienmitglieder als Kuriere, aber auch als Notare und Kaufleute. Die „de Tassis" (von Taxis) gehörten also ursprünglich bestenfalls zum niederen Stadtadel. Einer aus dieser weitverzweigten Familie ließ sich in Rom nieder und gründete eine Bank, ein anderer, Torquato Tasso, wurde ein berühmter Dichter. Die Nachkommen des römischen Bankiers „Ser Alessandro de Tassis de Cornello" betrieben schließlich von 1474 bis 1539 das päpstliche Kurierwesen. Sie wurden reich und errichteten in ihrer Heimatstadt Cornello Paläste und Grabstätten. Auch Franz von Taxis (1459–1517), der Begründer der Brüsseler Linie und des modernen Postwesens, stiftete noch 1515 eine Glocke für die Kirche Santa Maria Camerata bei Cornello. Seit 1501 wohnte Franz von Taxis in seinem Brüsseler Stadthaus „Hôtel de Tassis" und ließ in der Kirche Notre Dame au Sablon für sich und seine Nachkommen eine neue Familiengrablege bauen.

Diese Taxisschen Vorfahren waren zwar alle ehrenwert, aber eben nicht aristokratisch. Alexandrine sah, dass eine angemessenere Abstammung benötigt wurde, um ihre nicht unangefochtene Stellung (und damit auch die Einkünfte der Familie) zu verteidigen, da nach der Erbteilung des Hauses Habsburg in eine spanische und österreichische Linie die Zwistigkeiten mit dem Kaiser nicht mehr aufhörten. Denn weder Kaiser Ferdinand II. noch Kaiser Maximilian II., von den österreichischen Habsburgern, hatten die Taxis mit dem Postgeneralat belehnt; so konnte man sich nur auf den spanischen König stützen. Diese unbefriedigende und unsichere Lage musste unbedingt konsolidiert werden. Die Nähe zum Kaiser war überlebenswichtig und die Akzeptanz bei der Aristokratie des Reiches ebenfalls. Das heißt, eine Eingliederung ins Reich und seine Stände war das neue Ziel.

Derartige Zusammenhänge erkannte Gräfin Alexandrine, als sie die spanischen und italienischen Genealogen Alonso Lopez de Haro, Francesco Zazzera und Pietro Crescenti beauftragte, der „wirklichen" Abstammung der Familie Taxis nachzuforschen. Diese wurden, gemäß den Vorstellungen ihrer Auftraggeberin, auch fündig: Sie konstruierten eine Abstammung der Taxis aus Cornello vom Mailänder Adelsgeschlecht der Torriani beziehungsweise della Torre, welche bis zu ihrer Vertreibung 1311 über Bergamo und Umgebung geherrscht hatten. Alexandrine gewann nun Julius Chifletius, Kanzler des Ordens vom Goldenen Vlies und Kanoniker in Besançon, um die neuen „Forschungsergebnisse" repräsentativ zusammenzufassen. Das umfangreiche Werk „Les Marques d'Honneur de la Maison de Tassis" (Die Ehrenzeichen des Hauses von Taxis) wurde schließlich 1645 in Antwerpen veröffentlicht. Jetzt konnten die Taxis berühmte hochadelige Vorfahren vorweisen! Deshalb stimmten König Philipp IV. von Spanien und Kaiser Ferdinand III. 1649/1650 auch zu, dass die Familie Taxis künftig Namen und Wappen der Mailänder Torriani führen dürfe. Von nun an hießen sie „Thurn und Taxis". Sie trugen damit neben dem Dachs zugleich den roten Turm der Torrianis (della Torre = Thurn) sowie den aufsteigenden Löwen der Comer Grafen von Valsassina, die mit den Torrianis verwandt waren, im neuen Wappen. Es wundert daher nicht, dass Alexandrines Sohn zusätzlich zu seinem Namen 1650 noch den Grafentitel „von Valsassina" annahm.

Lamoral II. benannte das Brüsseler Palais in „Hôtel de la Tour" um und erbaute 1653 das Lustschloss Beaulieu auf einem Hügel am Ufer der Woluwe. Um das Ansehen der Familie weiter zu heben, begann Gräfin Alexandrine, das Brüsseler Palais kostbarer auszustatten. Die berühmten

Tapisserien, auf denen familiengeschichtliche und heraldische Themen dargestellt sind, entstanden nach und nach. Ihr Sohn Lamoral II. kaufte von den benachbarten Minoriten noch ein Stück Land hinzu, so dass aus dem alten Wohnhaus ein repräsentatives Palais im barocken Stil mit Gärten, Stallungen und Wirtschaftsgebäuden entstehen konnte. Auch die spätgotische Familiengrablege in der gegenüberliegenden Kirche Notre Dame au Sablon wurde prunkvoll mit schwarzweißen Marmorarbeiten umgestaltet. Dort fanden schließlich 19 Familienmitglieder ihre letzte Ruhestätte.

Geld schien damals keine Rolle gespielt zu haben. Hier im Brüsseler Palais liefen alle Fäden zusammen, hier waren der Sitz der Familie und zugleich auch das Verwaltungszentrum des Postwesens, das sich nach dem Dreißigjährigen Krieg wieder konsolidiert hatte. Zweihundert Jahre wohnten die Thurn und Taxis in Brüssel. Heute erinnert an sie eine Bronzetafel für Franz von Taxis, dem Begründer der Post und der Brüsseler Familienlinie, die nahe dem Standort des ehemaligen Palais am Gebäude des Königlichen Musikkonservatoriums angebracht wurde. Das Brüsseler Palais der Thurn und Taxis hatte in den Folgezeiten mehrmals den Besitzer gewechselt und war schließlich der Spitzhacke beim Bau der modernen „Rue de l'Arbe" zum Opfer gefallen.

Aber ein nobles Palais und die Abstammung von einer italienischen Fürstenfamilie führten noch nicht zum Aufstieg in den Fürstenstand. Entsprechende Ländereien waren dazu nötig.

Lamoral II., Alexandrines Sohn, kaufte daher 1667 die alten Herrschaften Moerseke, Maldeghen und Gottignies sowie 1674 das Gut Vanderlaen. Bereits Franz von Taxis und seine Nachfolger hatten Häuser in Brüssel, Mechelen und Antwerpen erworben. Aus der Mitgift der Christine von Wachtendonk, die 1514 Johannes Baptista von Taxis geheiratet hatte, konnte der Hausbesitz vor allem in Antwerpen vermehrt werden. Dazu kamen noch Einkünfte aus Höfen, Gebäuden, Renten und aus verpachteten Äckern, Öd- und Waldland in Hoboken, Hemiksem, Aartselaar, Reet, Boom, Schelle und Nijlen.

Offenbar verlor die Familie diesen umfangreichen Besitz in den niederländischen Freiheitskriegen des 16. Jahrhunderts wieder, denn 1643 kaufte Gräfin Alexandrine für 12 000 Livres (Pfund) ihrem noch unmündigen Sohn die Herrschaft Hemiksem (Hemissem) mitsamt der hohen und niederen Gerichtsbarkeit vom spanischen König zurück, der sie damit am 30. Januar 1644 offiziell belehnte. 1650 zog dann Graf Lamoral II. als Herr in Hemissem feierlich ein. Er wurde vor der Kirche durch den Verwalter Alexander Roelans willkommen geheißen. Anschließend kam der ansässige Adel zum Empfang ins Wasserschloss. Mit einem prächtigen Feuerwerk im Schlossgarten endeten die prunkvollen Festlichkeiten.

Den wichtigsten Kauf aber tätigte Graf Lamoral II. im Jahr 1670: Er erwarb die Herrschaft Braine-le-Château, deren Besitzer seit dem späten Mittelalter die Marschallswürde im Hennegau innehatten. Alexandrines Sohn war durch seine Ehefrau – Gräfin Anna Franziska Eugenia von Horn(es) – mit der flämischen Aristokratie verschwägert. Kurz vor der Eheschließung hatte die Familie seiner Gemahlin die Herrschaft Braine-le-Château mitsamt Haute-Ittre veräußert und Lamoral gelang es, das ansehnliche Territorium zu erwerben.

Aber erst Lamorals Sohn und Erbe, Eugen Alexander, erreichte den lang vorbereiteten Aufstieg. Am 19. Februar 1681 erhob König Karl II. von Spanien die Grafschaft Braine-le-Château und die benachbarte Herrschaft Haute-Ittre, welche unter spanischer Oberhoheit standen, zum „Fürstentum Thurn und Taxis" und übertrug dieses dem Enkel der Gräfin Alexandrine. Damit war Eugen Alexander zum ersten Fürsten aus dem Hause Thurn und Taxis geworden. 1695 nahm ihn schließlich auch der Kaiser in den erblichen Reichsfürstenstand auf.

Bereits Eugen Alexanders Eheschließung mit Prinzessin Adelheid zu Fürstenberg-Heiligenberg sowie das prunkvolle Hochzeitsfest 1678 am Wiener Kaiserhof hatte allen gezeigt, dass die Brüsseler Linie der Taxis ganz oben in der Gesellschaftspyramide des Reiches angekommen war. Die gezielt eingeführte Abstammungslinie vom Mailänder Geschlecht der Torriani (della Torre), ihr geschicktes Heiratsverhalten sowie umfangreicher Grundbesitz ermöglichten den Generalposthaltern Spaniens und des Reiches den Erwerb immer höherer Adelsprädikate.

Gräfin Alexandrine, die den Namen und den Aufstieg der Thurn und Taxis grundlegte, starb 1666 in Brüssel und wurde dort in der Familiengruft beigesetzt. Ihr vorausgegangen war bereits die Tochter Genoveva (1618–1663). Diese hatte 1637 Sigismund Sfondrati, Marquis de Montafié, geheiratet. Ihr Gemahl, der spanische Generalkapitän der Artillerie, war allerdings bereits 1652 bei Bourbourg gefallen und Genoveva schloss schließlich 1663 für immer die Augen. Da sie keine Kinder hinterließen, ging das „Hôtel Sfondrati" in Brüssel an ihren Bruder Lamoral II. über und mehrte dessen Vermögen.

Im Laufe der Zeiten verlor der gesamte Familienbesitz in den südlichen Niederlanden, dem heutigen Belgien, aber an Bedeutung. Der Spanische Erbfolgekrieg (1701–1714) und die Vertreibung der Thurn und Taxis aus Brüssel durch die französische Besatzung bewirkten eine Neuorientierung. Viele der Immobilien und Ländereien waren beschlagnahmt oder veräußert beziehungsweise durch Abschaffung der Feudalordnung abgewickelt worden. 1776 verkaufte man letztendlich das Brüsseler Palais. Der Fürst von Thurn und Taxis hatte bereits im ersten Drittel des 18. Jahrhunderts seinen Hauptwohnsitz in die Reichsstadt Frankfurt am Main verlegt. Nun galt es, angemessenen Grundbesitz in Deutschland zu erwerben, wollte man nicht immer als „Fürst ohne Land" verspottet werden.

Zwei gefährliche Frauen

Augusta Elisabeth
Herzogin von Württemberg
(1734–1787)

Elisabeth Hillebrand
Frau von Train
(1757–1841)

Gemahlinnen des Fürsten
Carl Anselm von Thurn und Taxis
(1733–1805)

Stammtafel Augusta Elisabeth von Württemberg

Friedrich Carl v. Württemberg-Winnental
(1652–1698)
ⵁ 1682 Eleonora Juliana Mgfn. v.
Brandenburg-Ansbach
(1663–1724)

ANSELM FRANZ Fürst v. Thurn u. Taxis
(1681–1739)
ⵁ 1701 Maria Ludovika Przn. v. Lobkowit
Hzgn. v. Sagan
(1683–1750)

weitere
zwei Kinder

Carl Alexander (1684–1734)
11. Hzg. v. Württemberg (ab 1733)
ⵁ 1727 Maria Augusta v. Thurn u. Taxis
(1706–1756)

ALEXANDER FERDINAND
Fürst v. Thurn u. Taxis
(1704–1773)
ⵁ (1) 1731 Sophie Mgfn. v.
Brandenburg-Bayreuth
(1710–1739)
ⵁ (2) 1745 Charlotte Louise
Przn. v. Lothringen,
Gfn. v. Lambesc
(1724–1747)
ⵁ (3) 1750 Maria Henrietta
Przn. v. Fürstenberg-Stühlingen
(1732–1772)

Carl Eugen (1728–1793)
12. Hzg. v. Württemberg
ⵁ (1) 1748 Elisabetha
Friederike Sophie Mgfn. v.
Brandenburg-Bayreuth
ⵁ (2) 1785 (morgan.)
Franziska v. Hohenheim

Eugen Ludwig
(*† 1729)

Alexander
(1733–1734)

Ludwig Eugen (1731–1795)
13. Hzg. v. Württemberg

Friedrich Eugen
(1732–1797)
14. Hzg. v. Württemberg

weitere sieben Kinder
aus 1. u. 3. Ehe

Augusta Elisabeth Hzgn. v. Württemberg
(1734–1787)
ⵁ 1753 Carl Anselm, Fürst v. Thurn u. Taxis
(1733–1785)

Maria Theresia (1757–1776)
ⵁ Kraft Ernst Fürst zu Oettingen-Wallerstein

Sophie Friederica (1758–1800)
ⵁ Hieronymus Vincenz Fürst Radziwill

Franz Johann Nepomuk (1759–1760)

Henrietta Carolina (1762–1784)
ⵁ Johann Alois II. Fürst zu Oettingen-Spielberg

Alexander Karl (*† 1763)

Friederike Dorothea (*† 1764)

KARL ALEXANDER (1770–1827)
ⵁ Therese Mathilde, Hzgn. v. Mecklenburg-Strelitz (s. dort!)

Friedrich Johann Nepomuk (1772–1805)

Jagdszenen

Am 3. September 1753 heiratete der 20-jährige Erbprinz Carl Anselm von Thurn und Taxis in Stuttgart seine 19-jährige Cousine Augusta Elisabeth von Württemberg. Die Neuvermählten zogen am 16. Oktober in Regensburg ein und nahmen im sogenannten „Inneren Palais“, einem Flügel der St. Emmeramer Klosteranlagen, ihre Wohnung.

Der Bräutigam Carl Anselm hatte am 2. Juni 1733 als ältester Sohn des Fürsten Alexander Ferdinand von Thurn und Taxis und dessen Gemahlin Sophie Christine Luise, eine geborene Markgräfin von Brandenburg-Bayreuth, in Frankfurt am Main das Licht der Welt erblickt.

Seit 1748 residierten die Fürsten von Thurn und Taxis in der Reichsstadt Regensburg, nachdem Kaiser Franz I. Fürst Alexander Ferdinand, den Vater des Bräutigams, zum Prinzipalkommissar in Nachfolge des Fürsten Joseph Wilhelm zu Fürstenberg-Stühlingen berufen hatte. Der neue Prinzipalkommissar war erst vor wenigen Jahren von Brüssel nach Frankfurt am Main umgezogen und hatte sich dort ein herrschaftliches Barockpalais in der Großen Eschenheimer Straße erbauen lassen. Jetzt rief ihn die angesehene Aufgabe nach Regensburg; hier sollte er den Kaiser auf dem Immerwährenden Reichstag vertreten und dem Reichstagskollegium vorsitzen. Mit diesem Amt verbunden waren kostspielige Repräsentationspflichten, die sich längerfristig nur ein sehr vermögender Mann leisten konnte. Ein Fürst, der so reich war wie der Inhaber des Reichspostgeneralates.

Die Gesandten des Immerwährenden Reichstages, die eben nicht beständig, sondern eher selten tagten, verfügten deshalb über sehr viel freie Zeit, die gefüllt sein wollte. So hatte der Prinzipalkommissar natürlich die Gegenwart des Kaisers auf dem Reichstag in Regensburg zu verkörpern, mehr aber noch musste er die vergnügungssüchtigen Gesandten mit Festen, Opern- und Theateraufführungen, Schlittenfahrten, Tierhatzen, Hofbällen und Maskeraden bei Laune halten. Er gab Empfänge und Audienzen und benötigte dazu ein angemessenes Palais. Aber in der evangelischen Reichsstadt konnte der katholische Fürst von Thurn und Taxis aus rechtlichen Gründen kein Eigentum erwerben. So mietete er den ehemals bischöflichen Freisinger Hof an der Nordseite des Emmeramsplatzes an und ließ das Gebäude zu einem veritablen Palais ausbauen.

Am 7. November 1748 hielt Fürst Alexander Ferdinand mitsamt seiner Mutter Maria Ludovika endgültig Einzug in Regensburg. Zu Schiff auf der Donau kamen sie „nachmittags zwischen 3 und 4 Uhr unter dreymahliger Abfeuerung der zu dem Ende auf die Batterien gebrachten Canonen" am Weintor an. „Daselbst stiegen Höchstdieselben in die alda bereit gehaltene 6-spännige Carosse, und fuhren sofort unter Begleitung der hießig bürgerlichen Compagnie zu Pferd" zur neuen Residenz. Einige Tage später hieß eine Ratsdeputation den neuen Prinzipalkommissar offiziell willkommen und überreichte ihm als Geschenk einen Wagen mit vier Fass Wein sowie einen Wagen mit Hafer und vier Wannen Fisch. Damit war die Familie Thurn und Taxis endgültig in Regensburg ansässig.

Fortan wurde das Frankfurter Palais zur Nebenresidenz, diente zur Unterbringung hochgestellter Persönlichkeiten, war von 1816–1866 Versammlungsstätte des Deutschen Bundes, wurde 1891 an die Deutsche Reichspost vermietet, 1895 schließlich an die Post verkauft und 1905 von der Stadt Frankfurt a. M. erworben, die dort das Völkerkundemuseum einrichtete. Jedoch die Bombenangriffe von 1943 und 1944 zerstörten den barocken Prachtbau völlig.

1754 erlangte der neue kaiserliche Prinzipalkommissar zu Regensburg Sitz und Stimme im Reichsfürstenkollegium, vielen Fürsten zum Ärgernis, denn Ferdinand Alexander war ein „Fürst ohne Land". Erst seinem Sohn Carl Anselm, dem Gemahl Augustas, gelang es, diesen Makel abzustellen. 1786 kaufte er für eine enorm hohe Summe von 2,1 Millionen Gulden die 1787 gefürstete Reichsgrafschaft Friedberg-Scheer samt Schloss Trugenhofen (später Schloss Taxis genannt) bei Dischingen. Damit war aus dem Titularfürsten Thurn und Taxis ein regierender Landesherr geworden.

Schloss Trugenhofen wurde zum beliebten Sommeraufenthalt des Fürsten mit Jagdvergnügungen und Familienfesten. Hier regierte Fürst Carl Anselm als aufgeklärt-absolutistischer Landesvater mit einem anspruchsvollen Reformprogramm: Er gründete eine Schule, ließ fortschrittliche Gesetze und Verordnungen ausarbeiten und legte einen Schlossgarten im neuen englischen Stil an.

Zu jener Zeit stand die Taxis-Post in hoher Blüte: Von der Schelde bis zur Elbe, von der Ost- und Nordsee bis zu den Alpen, vom Rhein zum Thüringer- und Böhmerwald spannte sich ihr Netz. Geheimrat Goethe lobte ihre „durchgreifende Schnelligkeit", ihre Sicherheit und „das leidliche Porto".

Carl Anselm war für die Aufgaben eines Fürsten und Prinzipalkommissars wohlgerüstet: Eine zweijährige Bildungsreise hatte den jungen Erbprinzen durch die Schweiz, Italien und Frankreich geführt. In Paris hielt er sich länger auf und wurde König Ludwig XV. sowie dem Dauphin und der gesamten königlichen Familie vorgestellt.

Die neue Erbprinzessin Augusta Elisabeth von Thurn und Taxis, Carl Anselms frisch angetraute Gemahlin, war das jüngste Kind des Herzogpaares Karl Alexander von Württemberg und Maria Auguste, einer geborenen Prinzessin von Thurn und Taxis. Augustas Vater Karl Alexander entstammte einer Seitenlinie des Württemberger Hauses und stand als General in österreichischen Militärdiensten. An der Seite des Prinzen Eugen schlug er die Türken und wurde zum Gouverneur von Belgrad eingesetzt. Mit 49 Jahren erst trat er als

Herzog die Regierung in Württemberg an. Auch jetzt konnte er seine militärische Karriere nicht verleugnen. Er gebärdete sich recht soldatisch, war jähzornig, aufbrausend und gewalttätig. Zudem sprach er dem Ungarwein stark zu und war zum Leidwesen seiner protestantischen Untertanen als kaiserlicher Militär katholisch geworden.

Völlig unerwartet starb Augustas Vater am 3. März 1737 im Alter von 53 Jahren nach einem lustig verbrachten Konzert- und Spielabend zu Ludwigsburg an einem Schlaganfall. Umgehend verständigte man die Herzogin, welche sich im Stuttgarter Schloss aufhielt und sobald sie die traurige Nachricht vernahm, in Ohnmacht fiel. Als junge Witwe von 30 Jahren blieb Maria Auguste mit drei minderjährigen Söhnen und der erst zweijährigen Tochter Augusta zurück.

Energisch und kämpferisch – ihr gebühre, nach Eduard Vehse, ein „Platz in den Reihen der Löwinnen des achtzehnten Jahrhunderts" – setzte die Herzoginwitwe ihren Einfluss auf die Erziehung ihrer Kinder und auf die Regierung des Herzogtums durch. Die Prinzen kamen nach Berlin zum „Alten Fritz" und die kleine Augusta blieb zunächst in der Obhut der Mutter.

Augustas Mutter, vom Preußenkönig Friedrich II. hochdekoriert, war eine „galante Dame", eine Meisterin der koketten Rokoko-Spielereien und wohl auch manch erotischer Tändelei nicht abgeneigt. Jedenfalls beschrieb sie die gebildete Markgräfin Wilhelmine von Bayreuth, die Schwester des preußischen Königs, anlässlich eines Besuchs 1742 in ihren Memoiren wenig schmeichelhaft: „Diese Frau war so verschrien, dass man nur von ihr wie von einer Lais (= eine griechische Hetäre) sprach. Die Herzogin hat eine Ausdrucksweise und einen Witz, der kurze Zeit amüsiert, aber auf die Dauer langweilt. Sie überlässt sich fast immer einer ungezügelten Lustigkeit. Ihre hauptsächliche Beschäftigung ist, zu gefallen, alle ihre Sorgen sind nur auf ein Ziel gerichtet: Neckereien, kindische Manieren, Äugeln, kurz all das, was man mit Kokettieren bezeichnet, wird zu diesem Zweck in Scene gesetzt. In vierzehn Tagen hatte der ganze (Bayreuther)

Hof sein Gesicht verändert. Man ließ sich angelegen sein, sich zu hauen, sich Servietten an den Kopf zu werfen, herumzurennen wie durchgegangene Pferde und sich zum Schluss zu umarmen unter dem Gesang gewisser, stark zweideutiger Lieder."

So gänzlich ohne ernsthafte Ziele war aber die galante Mutter Augustas nicht: Zum einen erreichte sie die vorzeitige Volljährigkeitserklärung (1744) für ihren ältesten Sohn Carl Eugen, der dem preußischen Zugriff etwas entzogen werden sollte, zum anderen vermählte sich dieser mit Friederike, der Tochter der spitzzüngigen Markgräfin von Bayreuth.

Leider kam es 1750 zum folgenschweren Zerwürfnis zwischen der Herzoginwitwe und ihrem Sohn, dem Herzog von Württemberg. Sie gerieten über die weitere Erziehung Augustas in heftigen Streit. Mutter und Sohn, beide eitel und herrschsüchtig, wollten über Augustas Zukunft allein verfügen. Gegen den Willen der Herzogin wurde schließlich die inzwischen Sechzehnjährige ins fürstliche Damenstift der Ursulinerinnen nach Metz gebracht, von wo sie 1752 zurückkehrte. In ungezügelter Wut über den Eingriff in ihre vermeintlichen Aufgaben bezweifelte die Herzogin die Autorität ihres regierenden Sohnes und ließ durchblicken, dass Carl Eugen womöglich nicht der legitime Erstgeborene und damit Herzog sei. Der entrüstete Sohn ließ die schwer zu bändigende Mutter daraufhin nach Göppingen abführen und im dortigen Schloss inhaftieren. Hier hielt man die Unberechenbare wie eine Gefangene. Mit erst 49 Jahren starb Maria Auguste in Göppingen am 1. Februar 1756.

Sogar ihrer Tochter Augusta war es 1754 nicht mehr erlaubt worden, ihre Mutter zu besuchen, wie wir einem Schriftwechsel des Fürsten von Thurn und Taxis mit dem herzoglich-württembergischen Geheimen Rat von Hardenberg entnehmen können. Augustas Schwiegervater und Onkel, Fürst Alexander Ferdinand von Thurn und Taxis, intervenierte mehrmals 1750/51 und 1754 beim Württemberger Hof zugunsten seiner in Göppingen gefangengesetzten Schwester und kündigte einen Besuch seiner Schwiegertochter an, da sich Erbprinzessin Augusta in der Nähe von Göppingen aufhielte und aus töchterlicher Liebe gerne ihrer „Frauen Mutter" aufwarten möchte. Freiherr Hardenberg antwortete auf diese Bitte am 13. Februar 1754 für seinen herzoglichen Herrn in höchst ablehnendem Ton und beschönigte die Haftumstände von Augustas Mutter: „Wann Euer Hochfürstl(iche) Gnaden die allzutriftige Bewegursachen nicht wissend wären, welche die zur Hand genommene Maaßregeln veranlasset haben, so würde das Ansinnen bey Durchl. meinem Herrn weniger Befremden verursachet haben. So aber da Euer Hochfürstl. Gnaden zur Genüge bekannt, was dazu Anlaß gegeben; wie schwer und ungern Durchl. mein Herr zu Fassung solcher Entschließung gekommen; wie nöthig sie in mancherley Betrachthungen deren Continuation erachten; wie wenig die verwittibte Frau Herzogin als eine Staatsgefangene zu considerieren sind, da Sie aigenen Gefallens ausgehen und ausfahren können, ja nicht bewachet werden; ferner wie höchst ermeldt die Frau Herzogin mit einem weit ergiebigeren Auskommen, dann alle andere verwittibte Frau Herzoginnen diese Hochfürstl. Hauses versehen sind; endlich wie abseiten Ihro Hochfürstl. Durchl. des Herrn Herzogs noch erst kürzlich durch Bestellung eines Oberhoffmeisters die Vorsorge getragen worden, daß die verwittibte Frau Herzogin eines thails eine anständigere Gesellschaft haben, andern thails der Hofstaat auff eine convenablere Art fortgeführet werde. So vermögen Höchstdieselbe nicht zu begreiffen, wie dessen allen ohngeachtet Euer Hochfürstl. Gnaden sich dahin persuadieren und bewegen lassen mögen, eine Abänderung dieser Situation anzuverlangen, und sogar den Besuch der Frau Erbprinzessin Hochfürstl. Durchl. darauff auszusetzen. Die Liebe Durchl. meines Herrn gegen Ihre Frau Schwester ist zwar besonders zärtlich und groß, wie dann Höchstdieselbe solches bey vielen Gelegenheiten gezaiget, niemalen aber werden Sie nun deßwillen ausser acht lassen, was Sie sich und Ihrem fürstl. Hause schuldig sind. / Zu einem ausnehmenden Vergnügen wird es Ihnen geraichen, wann Euer Hochfürstl. Gnaden Obenangeführtes in fernere Erwägung zu ziehen, fortan von dem beschehenen Ansinnen zu abstrahieren, und dadurch die Unterhaltung der fürstl. Brüderl. Freundschafft zu befördern belieben wollen. Und dieses sind die Sentiments Durchl. meines Herrn, welche ich auff höchstdero Befehl Euer Hochfürstl. Gnaden in Artigkeit melden soll."

Der für damalige Sprach- und Schreibgewohnheiten recht scharfe Ton des Briefes war symptomatisch für Herzog Carl Eugen von Württemberg, der in seinen jugendlichen Jahren „zum Synonym für Tyrannei und Menschenverachtung" wurde. Er war ein „Unterdrücker freier Geister" (Friedrich Schiller, Schubart, Moser) und der „Prototyp des genusssüchtigen, willkürlich die Früchte des Fleißes seiner Landeskinder verprassenden absolutistischen Herrschers", dessen Regierung das Land in den Ruin trieb – so urteilt sein Biograf Karlheinz Wagner. Carl Eugens Hof galt nichtsdestotrotz zu jener Zeit als der glanzvollste in Europa. Hofoper, Ballett, Bälle und Feste waren unübertroffen. Erst in seinen reifen Jahren wandelte sich Herzog Carl Eugen vom Verschwender und Frauenverführer zum aufgeklärten Landesvater, dem Land und Leute am Herzen lagen.

Er und seine Schwester Augusta hatten wohl das ungestüme, impulsiv-heftige Temperament geerbt, das für beide Elternteile charakteristisch war. Herrschsucht, Machtwille, Eigensinn und ein Hang zum demonstrativen Konsum war ihnen eigen. Nur, was bei mächtigen Männern geduldet und erduldet wurde, war den Frauen nicht erlaubt. Sie hatten sich den Vorstellungen und Wünschen ihrer Herren klaglos zu fügen.

Als sich für Augusta eine wünschenswerte Heirat mit dem Prinzen von Bourbon-Condé 1752 zerschlagen hatte, vermählte sie ihr herzoglicher Bruder, um die Kosten für ihren weiteren Unterhalt zu sparen, 1753 kurzerhand mit Erbprinz Carl Eugen von Thurn und Taxis. Diese Verbindung war zwar standesgemäß, zumal die Brautleute Cousin und Cousine waren, brachte aber dem altfürstlichen Haus Württemberg keinen Zugewinn an Ansehen. Augusta kam sich unter Wert verschenkt vor.

Die Württemberger Prinzessin war eine grazile, überaus hübsche junge Frau. Ihre Brautausstattung umfasste kostbare Kleider, Pelzmäntel, Pariser Leibwäsche und fünfzig Juwelen. Selbst die zur Kritik neigenden Reichstagsgesandten in Regensburg fanden, dass die begehrenswerte Württembergerin dem fürstlichen Hof besonderen Glanz verlieh.

Die ersten Ehejahre erwiesen sich als glücklich. Vor allem Erbprinz Carl Anselm mochte seine schöne Frau sehr. Ihrem Geschmack nach viel zu sehr, denn die häufigen Schwangerschaften belasteten Augustas Gesundheit. Daher unternahm sie auch im Mai/Juni 1765 eine Reise nach Bad Ems. 1768 erkrankte die Erbprinzessin nach einer Fehlgeburt besorgniserregend, so dass ihre Genesung einige Zeit dauerte.

Augusta brachte acht Kinder zur Welt, von denen jedoch nur sechs das Erwachsenenalter erreichten. Zunächst wurden zwei Mädchen geboren: Maria Therese (1757) und Sophie (1758). Als dann endlich ein Sohn ankam, feierte man seine Mutter als „Stuttgarts Fürstensonne". Leider lebte Franz Johann Nepomuk (1759–1760) nur wenige Monate und auch die Kinder vier und fünf starben kurz nach der Geburt. Nur die Drittgeborene – Henriette Carolina (1762) – überlebte und wurde 1768 zur Erziehung in den Konvent nach Metz geschickt, in dem auch ihre Mutter erzogen worden war.

Im Jahre 1770 – nach 16 Ehejahren – wurde mit Karl Alexander der lang ersehnte Erbprinz geboren und zwei Jahre später folgte Prinz Friedrich Johann. Jetzt schien der Kindersegen vollständig. Zumindest für Augusta, die inzwischen 38 Jahre alt war. Sie glaubte, ihre Pflicht getan zu haben und wünschte keine weiteren risikoreichen Schwangerschaften mehr. Offenbar hatten die Eheleute darüber unterschiedliche Auffassungen. Unstimmigkeiten, die bereits in früheren Jahren aufgeflackert waren, jedoch immer wieder beigelegt werden konnten, brachen sich nun vehement Bahn.

Augusta beschwerte sich über eine unangemessene Behandlung bei Hofe, über die ausufernde Mätressenwirtschaft ihres Gemahls und über dessen eingeforderte eheliche Pflichten. Die Ehefrau verlangte „insonderheit aber vor anderen und fremden Personen, und bey öffentlichen Zusammenkünften, Tafeln und anderen Gelegenheiten" als Gemahlin und zukünftige Fürstin behandelt zu werden. Offensichtlich war es häufiger zu demütigenden Auftritten vor aller Augen und Ohren gekommen. Darüber beklagte sich Augusta bereits nach kurzer Ehezeit bei ihrem Bruder, dem Herzog von Württemberg. Deshalb schrieb dieser auch am 12. August 1756 an Augustas Schwiegervater, den Fürsten Alexander Ferdinand, und forderte mehr Respekt für seine Schwester ein. Zudem wünschte er eine bessere Behandlung seitens der Leute und Bediensteten, welche die Prinzessin von Württemberg umgaben, da er sonst Württembergs Ehre beschmutzt sehe. Der Fürst von Thurn und Taxis spielte in seinem Antwortschreiben die heftigen Auseinandersetzungen des Erbprinzenpaares herunter und meinte, dass es nur Unstimmigkeiten zwischen Eheleuten seien, in die man besser nicht eingreife. Aber der Ehekrieg hielt mehr oder minder stark an.

Als 1772 Fürstin Maria Henriette, die dritte Gemahlin des Fürsten Alexander Ferdinand starb, folgte dieser ihr bereits wenige Monate später am 17. März 1773 ins Grab nach. Jetzt wurde Augustas Gemahl Carl Anselm zum Fürsten von Thurn und Taxis und sie selbst zur Fürstin. Mit diesem Aufstieg erhoffte sich Augusta nun auch eine höhere gesellschaftliche Wertschätzung und eine Erhöhung ihrer Apanage. Bald sah sie sich jedoch in ihren Erwartungen getäuscht, denn man riet dem neuen Fürsten zu einer weniger verschwenderischen Hofhaltung.

Ein damals erstelltes Gutachten sprach sogar von bedenklichen finanziellen Verhältnissen. Bereits Mitte des 18. Jahrhunderts beliefen sich die Hofhaltungskosten auf annähernd 300 000 Gulden jährlich. Zwischen 1748 und 1806 wurden dafür etwa 30 Millionen Gulden ausgegeben. Die fürstliche Hofhaltung, die barocke Prachtentfaltung sowie die Repräsentationspflichten als kaiserlicher Prinzipalkommissar verschlangen enorme Summen. Geheime Konferenzräte und mehrere Hofräte führten den Hofstaat des Fürsten. Zu ihm gehörten Hofmarschall, Oberstallmeister, Reisemarschall, Hoftruchsess, Oberstjägermeister, die Hofkavaliere und Hofdamen samt der Obersthofmeisterin. Dazu kamen noch der Beichtvater, der Leibarzt sowie der Pagenhofmeister, der die sechs bis acht Pagen der Hofpagerie leitete, in welcher junge Adelige für den höfischen Dienst ausgebildet wurden. Zunächst etwa hundert Personen umfassend, wuchs der fürstliche Hofstaat rasch an, zumal nach dem Erwerb der gefürsteten Grafschaft Friedberg-Scheer noch Personal für die Verwaltung von Land und Leuten dazu kam. So fruchteten die empfohlenen Sparmaßnahmen wenig. 1792 waren auf Schloss Trugenhofen während des fürstlichen Sommeraufenthaltes ständig an die 350 und im Regensburger Palais an die 400 Personen anwesend.

Fürst Carl Anselm pflegte auch weiterhin einen glänzenden Hof und geizte nicht mit prunkvoller Repräsentation, wie sich der Zeitzeuge Ernst Wilhelm Martius erinnerte: „Vorzüglich entwickelte der Fürst von Thurn und Taxis, Carl Anselm, als kaiserlicher Prinzipalkommissarius, bei feierlichen Anlässen einen ungewöhnlichen Reichtum und eine Pracht, dergleichen ich früher noch nicht gesehen hatte. Am Namenstag des Kaisers Joseph II. hielt er eine feierliche Auffahrt in den Dom. Er trug bei diesem Anlasse die prächtige Tracht eines Granden von Spanien, schwarzseidenen Mantel, Agraffe und Knöpfe reich von Brillanten, und saß in einer von acht Rossen gezogenen Staatskutsche, welche mit dem Pferdegeschirre von karmoisinroter Seide, stark mit Gold durchwirkt, 80 000 Gulden gekostet hatte."

Offenbar waren Geldstreitigkeiten zwischen Augusta und ihrem Gemahl ein für beide Seiten immerwährendes Ärgernis. Bereits 1764 hatte deshalb Augustas herzoglicher Bruder eingegriffen und empfohlen, für seine Schwester „eine separate Oeconomie zu Regensburg und an dem sonstigen Orth dero jedesmaligen Auffenthalts" einzurichten, damit die „Misshelligkeiten" des Ehepaars zumindest diesbezüglich ein Ende fänden. Aber weder Augustas Schwiegervater noch später ihr fürstlicher Gemahl gingen auf diese Vorschläge ein und so nahm die Zwietracht immer mehr zu. Denn die Fürstin wünschte nicht nur finanziell mehr Unabhängigkeit.

Carl Anselm von Thurn und Taxis verkörperte den typischen aufgeklärten Rokokofürsten. Er liebte Jagdausflüge und rauschende Ballnächte, pflegte aber zugleich die Künste wie Musik und Theater und förderte den technisch-medizinischen Fortschritt. Sein Hoforchester galt vielen als eines „der besten in Deutschland", wie der Reisende Jonas Ludwig Heß berichtete. Auch spielte Carl Anselm selbst ausgezeichnet auf der Orgel und dem Klavichord, desgleichen seine Töchter. Obwohl praktizierender Katholik hing er gemäß dem Zeitgeist der Freimaurerei an. Er öffnete seine Bibliothek für das interessierte Publikum und ließ später die nach ihm benannte Carl-Anselm-Allee für alle Regensburger anlegen. Im Gegensatz zu dieser Großzügigkeit und Fürsorglichkeit erwies er sich allerdings als selbstbezogen, ausschweifend und eitel in seiner Lust an prächtiger Kleidung und überbordender Selbstdarstellung.

Vor allem sein übertrieben männliches Gehabe ging Augusta zu weit. Denn Mätressen wechselten sich beständig ab und zugleich befahl er seine Ehefrau weiterhin ins Bett, um legitimen männlichen Nachwuchs zu zeugen. Nach acht Geburten weigerte sich Augusta schlussendlich, den ehelichen Pflichten zukünftig nachzukommen.

Im Frühjahr 1775 ging die Fürstin auf Reisen, zunächst nach Reims, wo sie sich mit zahlreicher Dienerschaft standesgemäß niederließ, bis ihre Geldmittel erschöpft waren. Als der fürstliche Gemahl für ihre Schulden nicht aufkommen wollte, floh sie angeblich vor ihren Gläubigern nach Paris. Dort soll sie mit einem reichen Galan zusammengelebt haben. Der hannoversche Gesandte berichtete darüber allerdings nur vom Hörensagen, dass die Fürstin mit diesem Franzosen „genaue Bekanntschaft macht(e)" und ihn bat, ihr „vier (Gift-)Pulver", zu verschaffen. Hier soll ihr Plan, den ungeliebten Gatten zu beseitigen, gereift und vorbereitet worden sein. Im Spätherbst 1775 kehrte die Fürstin anlässlich der Hochzeit ihrer Tochter Sophie Friederika mit dem litauischen

Großkämmerer Jérôme Radziwill nach Regensburg zurück – und das Verhängnis nahm seinen Lauf.

In gänzlicher Verkennung ihrer Situation, angetrieben von einer übersteigerten Impulsivität und gesteuert von der aufgestauten Wut einer ständig beleidigten Frau, einer gegängelten Fürstin suchte Augusta nach einem Weg, der sie unwiderruflich in eine selbstbestimmte und gesicherte Lebensgestaltung führen sollte. Über die nun folgenden Vorgänge wissen wir nichts aus ihrem Mund, wir hören nur die Stimme des am 18. Januar 1776 ausführlich nach Wien berichtenden Ehemannes. Er schrieb, dass bereits früher (1770), noch zu Lebzeiten seines „Hochseligen Vaters", sich die Fürstin eines „entdeckten gefährlichen Anschlags einer boshaften Entweichung" schuldig gemacht habe. Schon damals wollte ihr Bruder, der Herzog von Württemberg, Augusta „unter einem anderen scheinbaren Vorwand in eigener Person von hier" abholen und auf „einige Monate" zu sich nehmen, damit sie durch „gütliche Corrections-Mittel, geistlichen Zuspruch und brüderliche Warnungen von dem Irrweg ihrer unangemessenen Leidenschaften abgelenket und in die Schranken einer mehr anständigen Conduite zurückgebracht" werde. Der hier angeführte Vorfall einer versuchten Flucht aus Regensburg wurde vereitelt und verheimlicht.

Bereits 1770 wünschte Augusta also eine Trennung von ihrem Gemahl; dieser „Separations-Fall" hätte aber die „gefährlichsten Folgen" heraufberufen, so der Fürst, „wann Sie sich ohne schärfere Aufsicht in ihrer ohngezähmten Freyheit" befunden hätte. Zumal die „ganz offenbare Abneigung" Augustas gegenüber ihrem Gemahl ohne dessen „mindestes Verschulden" aufgekommen sei. Trotz dieser „groben Vergehen" der Gemahlin setzte Carl Anselm „den Ehestand in ohnunterbrochener Ruhe fort" und achtete gleich bei seinem Regierungsantritt als Fürst darauf, dass „nicht allein ihre jährliche Deputaten verbessert", sondern auch aus seinen eigenen Mitteln ein Teil ihrer Schulden „abgetilget" wurden. Dafür wurde von Augusta eine „Erkänntlicheit", das heißt dankbare Unterwerfung, erwartet, welche jedoch ausblieb. Der verärgerte Fürst hätte niemals – so formulierte er – gedacht, „daß auch dießer Saame in ihrem Gemüth ersticket" sei.

Danach, vor etwa zwei Jahren (1774), hatte die Fürstin „durch die gehässigsten Vorstellungen (= Vorwürfe) neue Händel" heraufbeschworen, um „eine Separation" zu erzwingen. Darauf ging aber ihr Gemahl „in Rücksicht auf die Pflichten, welche uns nach dem Institut des Sacraments der Ehe" auch hinsichtlich der „Wohlfahrt Unserer Kinder" auferlegt sind, nicht ein. Zudem sah er den Wunsch nach einer Trennung als einen Anschlag auf die „Ehre Unsers fürstlichen Hauses" an. Vielmehr schlug Carl Anselm eine „gütliche Aussöhnung" vor, falls die widerspenstige Gemahlin „ernsthafte Reue" zeige und zukünftig ein „friedliches Betragen" zusichere. Man kam der Fürstin sogar entgegen und bewilligte ihr eine Reise nach Paris. Der Fürst erlaubte, „daß sie unter Begleitung vertrauter Personen, einige Monate allda zubringen" dürfe. Auf der Rückreise sollte sie „Unsere jüngste Prinzeßin Tochter aus dem Closter zu Metz" abholen und mit ihr nach Regensburg fahren.

Mit diesen „Gefälligkeiten" glaubte Carl Anselm, Augustas „unruhigen Sinn biegsamer" zu machen. Aber weit gefehlt! Bereits „vor ihrer Abreiß nach Paris ging Sie mit den verabscheuungswürdigsten Anschlägen um" und dachte daran, auf „meuchelmörderische Weise Unsere Lebenstäge" zu verkürzen. Da diese Pläne aber „nur von dem Geist alles Bösen eingeflößt" waren und „so leicht nicht ins Werk gesetzet werden konnten", so verschob Augusta die Ausführung derselben auf die Zeit ihrer Rückkunft. Als dann aber die „in Vorrath gehabten Päckel vermeynten Gifts" nicht für die geplante Beseitigung ausreichten, versuchte sie „Leute" mit Geld zu dingen, „welche auf der Jagd oder sonsten Unserm Leben nachstellen sollten." Aber auch diese Pläne verschob Augusta bis nach den Vermählungsfeierlichkeiten ihrer Tochter, an denen sie teilnahm.

Mittlerweile war eine Reiseeinladung des Herzogs von Württemberg für seine Schwester Augusta eingetroffen. Deshalb erhielt der „nach Ihrer Meynung erkauft seyn sollende

Meuchelmörder, den von Ihrer eigenen Hand gefertigten Auftrag, den Streich in ihrer Abwesenheit auf die erste Nachricht, welche Sie ihm diesertwegen zugehen lassen würde, auf Unsere Person auszuführen." Diese Anschläge sollten aber nicht nur ihren Gemahl, sondern auch ihren herzoglichen Bruder Carl Eugen sowie „andere unschuldig eingeflochtene Personen" treffen. Die Leute, „welche sie in ihr Vertrauen gezogen", hatten aber in „treuer Sorge" ihre Pläne „glücklich vereitlet" und alles verraten.

„In der geheimsten Stille" untersuchte nun der fürstliche Rat die geschmiedeten Mordpläne, sah die „eigenhändigen Ordres (= Anweisungen)" der Fürstin ein und verfasste einen Bericht, der auch dem Herzog von Württemberg zugeleitet wurde. Nun kam man überein, die Fürstin auf „minder ruchbare Art" von Regensburg wegzuschaffen und „bis zur Ausfindung eines schicklichen Orts zur ewigen gesicherten Verwahrung in einem Closter einstweilen auf Unser Schloss Trugenhofen" zu bringen. Ohne Zögern trat „die in Ihrem Sündenschlummer versenkte Fürstin" die Reise an, zumal sie dachte, dass sie diese nach Stuttgart in die Heimat führen würde. Allerdings empfing Herzog Carl Eugen seine Schwester am nächsten Tag auf Schloss Trugenhofen. Dort vernahm sie aus dessen Munde die Strafe für ihre „ganz willig einbekannten Schandthaten". Man verkündete Augusta, dass nunmehr ihren „gefährlichen Machinationen nähere Schranken" gesetzt und sie „zur Bereuung ihrer fast ohnverzeylichen schweren Fehler" an einem noch zu bestimmenden Ort eingesperrt werden würde.

Anschließend wollte man eigentlich diese unerfreuliche Angelegenheit, für die es „wenige oder gar keine Beyspiele" gebe, mit einem „ewigen Stillschweigen" bedecken. Weil dieses aber nicht „thunlich" erschien, sollte sie wenigstens den „Allerhöchsten Augen" der kaiserlich-königlichen Majestät offenbart werden. Damit der Kaiser in bekannter Milde und althergebrachter Huld, angesichts des bedauernswerten Zustands des Fürsten (nicht der Fürstin!), darüber zu urteilen vermöge.

Allerdings durfte die ganze Geschichte der kaiserlichen Majestät nur mündlich in einer „Privataudienz" zur Kenntnis gebracht und auch ansonsten nur der „behutsamste Gebrauch" im „alleinigen Cabinet" des Kaisers gemacht werden, so die abschließende Weisung des Fürsten an seinen Beauftragten in Wien.

Die unglückliche Augusta wurde später von Schloss Trugenhofen, über Heidenheim in den Schwarzwald verfrachtet. Im Schloss zu Hornberg saß die Fürstin von Thurn und Taxis bis zu ihrem Lebensende in Gefangenschaft.

Trotz aller Geheimhaltung sickerte manches durch, und die Gerüchteküche in Regensburg brodelte. So soll, nach dem Bericht des hannoverschen Gesandten, die Fürstin ihren Gemahl „bey einem Spazier-Ritte aus dem Wege" habe räumen lassen wollen, ja sie habe sogar auf einem fürstlichen Jagdvergnügen selbst mit der Flinte auf Carl Anselm geschossen und ihn nur knapp verfehlt. Auch soll sie nicht nur dem Fürsten, sondern auch ihrem neuen Schwiegersohn Radziwill vergifteten Kaffee gereicht haben.

Alles bloß Gerüchte, die das fürstliche Schreiben nach Wien nicht bestätigen. Danach ging Augustas Mordkomplott über eine dilettantische Planung nicht hinaus, war wohl eher wirres Gedankenspiel eines zu sehr belasteten Geistes, einer zu oft gedemütigten Frau, die sich von ihrem ungeliebten Gemahl nicht anders vermeinte befreien zu können als durch dessen Tod.

Von der Außenwelt völlig isoliert, verschwiegen in ihrer Existenz und zur Unperson gemacht, verbrachte Augusta im Hornberger Barockschloss und seinen Gärten ihre letzten Jahre. Für die Öffentlichkeit galt sie als geisteskrank. Man sprach von einer „grande mélancolie", unter der sie zeitweise leide. Die damals gefeierte Schriftstellerin Sophie La Roche urteilte in einem Brief vom 3. Februar 1776 an Goethes Jugendfreund Bernhard Crespel über die tragischen Vorkommnisse: „Unsere Prinzessin Taxis ist eine große Närrin."

Fürstin Augusta erlitt das gleiche Schicksal wie vormals ihre Mutter Maria Auguste, die Herzogin von Württemberg und geborene Prinzessin von Thurn und Taxis. Auch Augustas Schwägerin, die Gemahlin ihres Bruders Carl Eugen, die gewagt hatte, ihren Ehemann zu verlassen, verbrachte ihre letzten Jahre in Abgeschiedenheit. Offenbar war damals das Wegsperren aufbegehrender Frauen ein nicht unüblicher Weg, wenn die Herren ihre Autorität bedroht sahen. Weiblicher Ungehorsam wurde mit lebenslangem Freiheitsentzug bestraft. 1780 gelang es allerdings Fürst Carl Anselms eigenwilliger Schwester, sich der drohenden Inhaftierung durch Flucht zu entziehen und ihren umstrittenen Grafen zu heiraten.

Am frühen Morgen des 4. Juni 1787 fanden Bedienstete Fürstin Augusta bewusstlos im Bett auf. Kurz darauf starb sie an den Folgen eines „Schlagflusses" und wurde in der herzoglichen Gruft der Ludwigsburger Schlosskirche beigesetzt. Erst am 8. Juni verbreitete sich in Regensburg die Nachricht vom Ableben der Fürstin, wie der Chronist Gumpelzheimer überlieferte: „Ihr Leichnam wurde nach Stuttgart gebracht und daselbst eine solenne Leiche gehalten. Von Taxisscher Seite waren 3 Cavaliere dabey zugegen. Auch hier und in Stadtamhof wurden nach der Hand für sie Trauergottesdienst gehalten." Am 23. Juni 1787 gedachten der fürstliche Hof und die Regensburger der Verstorbenen in der Kirche des Klosters St. Emmeram. Eine Regensburger Zeitung beschrieb die pompöse Trauerfeier: „Der Chor und die Altäre wurden durchaus schwarz überzogen, und mit den Hochfürstl. Württembergischen Geschlechts-Wappen behängt; es wurde auch vor dem Chor ein 6 Staffel hohes Castrum Doloris aufgerichtet, die Todten-Sarg mit neuem von Genueser rothen Sammet, reichesten Goldstoffe, dergleichen Goldborden, Franzen und Quasten aufs prächtigste zusammengesetzten Partuche überzogen, und mit dem Fürstenhut gezieret. Die Stuffen wurden mit 300 meistentheils silbernen Leuchtern mit Wachslichtern bestellet."

Neben dem Trauergerüst knieten rechts auf Betschemeln zwei Kavaliere und links zwei Hofdamen. Als „Hauptleidtragender" fungierte Freiherr von Borie, der erzherzoglich-österreichische und hochfürstlich-Thurn und Taxissche Gesandte. Alle Glocken der Stadt läuteten um 10 Uhr vormittags und mittags von 12 bis 13 Uhr. An der Trauerfeier nahm der gesamte fürstliche Hofstaat teil sowie die geheimen Räte, Kavaliere und Gesandten. Die „Herrn Edelknaben" stellten sich mit Wachsfackeln vor das Trauergerüst und vier Heiducken hielten an den vier Ecken Wache. Die „Herrn Hausofficianten, Bediente und Stalleute mit den Herrn Fouriers" bildeten im mittleren Kirchengang ein Spalier. Bereits vor 10 Uhr hatten die Damen und Hofratsfrauen in den für sie reservierten Betstühlen Platz genommen. Auch alle Domherren und Stiftsdamen sowie der in Regensburg anwesende Adel, eine Deputation des Stadtmagistrats und Senatsmitglieder wohnten der Trauerfeier bei.

Um den „Zulauf des gesamten Regensburgs" in geordnete Bahnen zu lenken, wurde die Stadtgarnison zu Hilfe gerufen. Abschließend meinte der Berichterstatter: „Der Zusammenfluß des hohen und niederen Regensburgs gibt den entscheidendsten Beweis von der hohen Verehrung, welche man gegen die beiden Durchlauchtigsten Häuser Württemberg und Thurn und Taxis in den Mauern Regensburgs trägt." – Über das Schicksal der nach Freiheit und Unabhängigkeit strebenden Fürstin Augusta verlor man jedoch kein Wort.

Stammtafel Elisabeth von Train, geb. Hillebrand (Hildebrand)

Adam (Rupert?) Hillebrand aus Berchtesgaden
ↀ Ursula (Eva?) Berner

↓

Neun weitere Kinder ←

Elisabeth Hillebrand, erhobene v. Train
(1757–1841)
ↀ Carl Anselm Fürst v. Thurn u. Taxis
(1733–1805)
(Stammtafel s. Anhang!)

Johann Joseph Wenzel
Frh. von Schönprunn
auf Miltach († 1817)
ↀ Maria Josepha Freiin
zu Poissl

↓

Maria Anna Freiin v. Schönprunn (1793–1855) ↀ 1815 (Nikolaus) Joseph Karl v. Train (1787–1851)

→ Joseph Eduard (1816–1879)
→ Hermann Joseph (* 1817) ↀ Genoveva Zassner († 1892)
→ Therese Mathilde (1818–1873) ↀ (?) Kraus
→ Joseph Karl August (1820–1821)
→ Wilhelm Karl Johann (1822, ermordet 1879), bayr. Major
→ Anna Karolina (* 1826)

↓

Mathilde Beyer (1829–um 1915) ↀ 1859 Anton v. Train, fürstl. Thurn- u. Taxisscher Oberförster (1827–1915)

↓

Hermann, Dr. med., v. Train (* 1861) ↀ Marie Rasp
Josepha Caritas Mathilde v. Train (1867–1868)
Mathilde Josepha v. Train (* 1867)
ↀ Joseph Fischer, fürstl. Oettingen-Wallersteinscher Domänenassessor

↓

Keine (männlichen) Nachkommen –
Ende der Linie von Train

Schäferspiele

Kaum war die erste „gefährliche" Gemahlin gestorben und beigesetzt, trug sich Fürst Carl Anselm bereits wieder mit Heiratsgedanken. Nun wünschte er seine schöne Geliebte Elisabetha Hillebrandin zu ehelichen, wenn auch nur morganatisch, also zur linken Hand. Seine Favoritin hatte ihm bereits einen Sohn geschenkt. Der Knabe, am 4. Mai 1787 geboren und am 7. Mai in der Kirche St. Rupertus getauft, trug die Namen Nicolaus Josephus. Als Patin fungierte Susanna Bernard, die Gattin des fürstlichen Kammerherren Joseph Bernard. Als leiblicher Vater steht im Taufregister Fürst Carl Anselm verzeichnet und als Randnotiz, dass dieser die Mutter des Kindes später geheiratet habe und somit den Sohn legitimierte.

Der alternde Fürst hatte nämlich seine Leibärzte samt Beichtvater in dieser Angelegenheit konsultiert und alle rieten dem Witwer, nochmals in den heiligen Stand der Ehe zu treten. So vermählte sich der inzwischen 54-jährige Carl Anselm von Thurn und Taxis am 8. August 1787 „zur Beruhigung seines Gewissens" mit der knapp 30-jährigen Elisabeth, Mutter seines Kindes, nicht ohne vorher einen detaillierten Ehevertrag geschlossen zu haben. Darin wurde bestimmt, dass weder die frischgebackene Ehefrau den Namen ihres durchlauchten Ehemannes führen dürfe, noch die Kinder aus dieser Verbindung ein Recht darauf hätten. Letztere sollten nach der Mutter heißen oder den Nachnamen „von Kranz" annehmen. Sohn Nicolaus Josephus nannte sich später jedoch immer nur Joseph Karl, wohl in Erinnerung an seinen fürstlichen Vater.

Zu ihrer Bedienung erhielt Elisabeth eine „Weibsperson" zugestanden sowie 100 Gulden Unterhalt, freie Unterkunft samt „Holz, Licht, Speiß und Trank". Als Witwe sollte Elisabeth vom „künftigen fürstlichen Nachfolger" 2000 fl (Gulden) jährlich erhalten unter dem Vorbehalt, „dass sie dieselben an jenem Ort, welchen ihr (der) Erbprinz zu ihrem Aufenthalt bestimmen wird, zu verzehren habe." Die Kinder sollten „jemand zu Erziehung übergeben werden" und dafür standen pro Jahr für jedes Kind 500 fl zur Verfügung. Nach abgeschlossener Ausbildung bekam dann jedes Kind eine jährliche Apanage von 1000 fl.

Der umfangreiche Ehekontrakt wurde am 18. August 1787 in Scheer von beiden Eheleuten unterzeichnet. Allerdings fertigte man ein Jahr später am 28. August 1788 einen neuen, verbesserten Vertrag aus, denn inzwischen hatte sich einiges geändert: Aus Elisabetha Hillebrandin, der morganatischen Gemahlin des Fürsten von Thurn und Taxis, war „Frau von Train" geworden. Fürst Carl Anselm hatte 1788 die Hofmark Train mit Wasserschloss und Schlossgut von Johann Nepomuk Joseph von Vischl auf Pergersdorf (bei Cham), dem kurfürstlich-kölnischen Hofrat und nunmehrigen Legationssekretär beim Immerwährenden Reichstag zu Regensburg, für 46 00 fl (Gulden) erworben. Dieses „adeliche Gut Train" (südwestlich von Regensburg im heutigen niederbayerischen Landkreis Kelheim gelegen) erhielt nun die junge Gemahlin als Morgengabe, das heißt als Hochzeitsgeschenk zu ihrer Versorgung. Außerdem erhob der bayerische Kurfürst Karl Theodor Elisabeth als „Frau von Train" in den Adelsstand, wohl um die soziale Kluft zwischen den ungleichen Ehepartnern und den Skandal, den die Heirat in Regensburg hervorrief, etwas zu mildern. Denn obwohl die Ehe geheim gehalten werden sollte, hatten alle in der Stadt des Immerwährenden Reichstages davon erfahren und einige der Reichstagsgesandten sich bereits beim Kaiser über diese ungeheueren Vorgänge im fürstlichen Hause beschwert. Manche drohten sogar, nicht mehr am Hofe des kaiserlichen Prinzipalkommissars erscheinen zu wollen, wenn nicht Abhilfe geschaffen werde. Mit der Erhebung der „Bettdame" in den Adelsstand waren allerdings die österreichischen Gesandten noch nicht ruhiggestellt. Wer war nun diese umstrittene Frau, welche die Gemüter dermaßen erregte?

Elisabeth Hillebrand (Hildebrand) war 1786 von München in die Reichsstadt Regensburg gekommen und hatte hier eine Anstellung am fürstlichen Hof gefunden. Daher spotteten die Regensburger, als sie von der Vermählung erfuhren, dass der Fürst sein „Dienstmädchen" geheiratet habe. Ähnlich den Karrieren der Mätressen am Hofe der französischen Könige nutzte auch Elisabeth ihre sexuelle Attraktivität klug für ihren gesellschaftlichen Aufstieg. Denn Fürst Carl Anselm war ein Liebhaber schöner Frauen und widmete sich zum Leidwesen seiner Gemahlin Augusta zunehmend seinen Favoritinnen. Schäferspiele und Mätressenwirtschaft – so tändelte im Rokoko der tonangebende französische Hof zu Versailles und so ahmten es viele Fürsten nach, bis die französische Revolution dem Treiben ein blutiges Ende setzte.

Elisabeth, geboren am 28. Januar 1757 in Berchtesgaden als zehntes Kind der Eheleute Adam (Rupert) und Ursula (Eva) Hillebrand, entstammte einfachen Verhältnissen. Ihr Vater übte den Beruf eines „Karrners" aus. Im Taufeintrag seines Enkels wird er zudem als „colonus in Berchtoldsgaden" bezeichnet. Nach Andreas Schmellers „Bayerischem Wörterbuch" war der Karrner bzw. „Karrer oder Kärner" derjenige, welcher Waren wie Geflügel, Eier, Schmalz auf einem kleinen Wagen (Karren) zu den Märkten der größeren Orte fuhr und dort feilbot. Entweder betrieb die Familie Hillebrand selbst noch eine kleine Landwirtschaft in Berchtesgaden und Vater Hillebrand verkaufte die eigenen Erzeugnisse im Umland bis hinein nach München oder er erwarb fremde Waren, um sie dann auf den Märkten mit Gewinn zu veräußern. Offenbar hatte die junge Elisabeth, die bald von Berchtesgaden fortging, sowohl in München als auch in Regensburg einige Liebschaften unterhalten, falls man den Gerüchten glauben darf.

So wurde über sie nach Wien an den Kaiserhof berichtet: „Allhier (=Regensburg) ist es stadtbekannt, dass dieselbe mit preußischen Offizieren und mehreren fürstlichen Hofleuten in öffentlicher Unzucht gelebt hat."

Trotz dieser üblen Nachreden gefiel die schöne Elisabeth dem Fürsten und sie verstand es, von der Geliebten zur morganatischen Ehefrau aufzusteigen. Fürst Carl Anselm ließ sich dabei wohl wieder einmal vom Vorbild seines Schwagers Carl Eugen, dem Herzog von Württemberg, leiten, der ebenfalls morganatisch 1785 mit seiner Geliebten Franziska von Hohenheim die Ehe einging.

Morganatische Verbindungen, das heißt Eheschließung zur linken Hand, waren damals in den höheren und höchsten Kreisen durchaus üblich und beim Hochadel noch bis 1918 gebräuchlich und gültig. Die morganatische Ehe bezeichnet die standesungleiche Ehe, in welcher die Ehefrau und ihre Kinder von den Standesvorrechten des Ehemannes und der Erbfolge ausgeschlossen waren. So war die morganatische Ehefrau gänzlich vom Wohlwollen ihres Gatten abhängig. Die Bezeichnung leitet sich ab vom mittellateinischen „matrimonium ad morganaticum" und bedeutet so viel wie „Ehe auf bloße Morgengabe", das heißt ohne Erbberechtigung und Wittumsgut (Eigentum in Falle der Witwenschaft). Der Ausdruck „Ehe zur linken Hand" bezieht sich auf die Trauungsform.

Eine morganatische Eheschließung geschah – zumindest seitens eines Ehepartners – aus Liebe und nicht wie beim Adel ansonsten üblich aus politisch-dynastischen oder wirtschaftlichen Erwägungen heraus. Fürst Carl Anselm, jüngst durch den Tod von einer ungeliebten Gemahlin befreit, heiratete also seine geliebte Elisabeth „zur Linken" und schenkte ihr als Morgengabe zur Versorgung die erst kürzlich erworbene Hofmark Train mit Wasserschloss und Schlossgut. Die neue Schlossherrin zog dort auch bald mit ihrem kleinen Sohn ein. Von weiteren Kindern der Elisabeth von Train mit dem Fürsten von Thurn und Taxis erfahren wir nichts. Offenbar war die Liebe bald nach der Eheschließung erkaltet oder

der Fürst hatte seiner Angetrauten befohlen, sich aus Regensburg zu entfernen, um die Skandalgerüchte nicht weiter zu nähren.

Allerdings ging es in Train nicht so ruhig und beschaulich zu, wie Carl Anselm wohl erwartet hatte. Im Frühjahr 1789 waren gewisse Vorgänge in Train in aller Munde und „Gegenstand des ganzen Regensburger Publikums", wie ein Chronist vermerkte.

Was war geschehen?

Der bekannte Emanuel Schikaneder, damals Regensburger Theaterintendant und Textdichter, hielt sich immer häufiger als Gast in Train bei „Madame Elisabeth" auf. Sogleich wurde ihnen eine Liebschaft angedichtet und man kolportierte, dass der Text zur „Zauberflöte", der späteren Mozartoper, „auf dem Nachtkästchen der charmanten Elisabeth" entstanden sei. So steht es selbst in manchen musikgeschichtlichen Werken, wenn auch der Wahrheitsgehalt dieser Legende dadurch nicht größer wird. Tatsache ist jedoch, dass Schikaneder, der einige Amouren am Regensburger Theater unterhielt, von wohlmeinenden Freunden gedrängt wurde, die Reichsstadt zu verlassen, um weitere „unangenehme Folgen zu vermeiden". Schikaneder ging nach Wien, nicht ohne vorher den Mahnern süffisant geantwortet zu haben: „Ehrwürdige Schätzbahrste Brüder, Dieser Fall, so schmerzhaft er auch ist, wird mich doch nie so treffen, dass ich um den Nahmen des Ehrlichen Mannes kommen werde. Böse Menschen verlache ich – gutdenckende Seelen aber werden einst einsehen, warum ich bishero so und nicht anderst handelte – übrigens hab ich einen Fehler begangen, der der Ehre einer ehrwürdigen Loge zunahe tritt, so bitte ich eine ganze ehrwürdige Versammlung um Vergebung! Es gibt Fehler, die älter sind als der ehrwürdige Stand, den ich mit Ehrfurcht verehre, worin ich das Glück hatte, aufgenommen zu werden. Ehrwürdige Brüder, ich unterwerfe mich ihrem weisen Rathschluß und bis ich wieder das Glück genüße, in ihren ansehnlichen Zirkel zu tretten, will ich Sie alle schätzbare Brüder überzeigen, daß ich mich bestreben werde, Ihnen gänzlich würdig zu werden."

Dieser Abschiedsbrief ist an die Brüder der Freimaurerloge in Regensburg gerichtet, die ihm offensichtlich ernstliche Vorhaltungen gemacht und seine Abreise beschleunigt hatten. Der Mitbegründer der Loge „Die Wachsende zu den drei Schlüsseln" ist aber Fürst Carl Anselm, ohne dass man sein Mitwirken an Schikaneders überstürzter Abreise beweisen könnte. Wie auch immer, Schikander kehrte Regensburg den Rücken, ging nach Wien, wo 1791 die „Zauberflöte" uraufgeführt wurde. Bekannterweise thematisiert die „Zauberflöte" auch die Freimaurerei, welche Schikaneder in Regensburg und Wien kennen gelernt hatte. Im Sommer 1788 war er Mitglied der Regensburger Loge geworden.

Schikaneders Neffe schrieb später in seiner Biografie über den berühmten Onkel, dass dieser sich in Regensburg „wieder durch Liebschaften ruiniert" habe. Ob Frau von Train dafür verantwortlich war oder doch eher die Eifersüchteleien innerhalb der weiblichen Mitglieder der Regensburger Theatertruppe und ihrer Verehrerschaft unter den vergnügungs- wie klatschsüchtigen Gesandten des Immerwährenden Reichstags kann nicht mehr eindeutig geklärt werden.

Tatsache bleibt aber, dass in der Liste der „Theater-Billets, welche Herr Schauspiel-Direktor Schikaneder an das Hochfürstl. Hofpersonale für die Wintermonate vom 1. November 1788 bis letzten April 1789" abzugeben hatte, an erster Stelle „die kleine Seiten-Loge der Frau v. Train" mit 12 fl verzeichnet steht. Elisabeth von Train verehrte also die deutsche Theaterkunst, welche die Comédie française und die italienische Oper abgelöst hatte.

1760 hatte Fürst Alexander das Ball- und Komödienhaus, welches 1652 vom Regensburger Rat an der Westseite des Ägidienplatzes für die Bürgerschaft errichtet worden war, angemietet, um dort sein fürstliches Hoftheater unterzubringen. 1783 wurde der Theaterraum baulich zu einem Ballsaal erweitert. Aber bereits Ende des Jahrhunderts kam das Haus immer mehr herunter, wie ein Zeitgenosse 1797 beschrieb: „Es wird zur Sommers- und Winterszeit wöchentlich dreimal gespielt (...) Der Theatersaal ist klein, mit einer einzigen

Galerie und etlichen Logen versehen, welche sich die Gesandtschaften bauen ließen, als Bürgerliche das Nobleparterre zu besuchen anfingen. Der Weg ins Theater und aus demselben auf dem Ballplatze ist, besonders bey übler Witterung, höchst elend. Man steht im Nachhausegehen in Gefahr, von den Fackeln halb verbrannt, oder von den Kutschen überfahren zu werden, oder im Koth zu versinken." Seit 1804 wurde das Gebäude, nunmehr gänzlich in fürstlichem Besitz, als Wagenremise genutzt und 1922 schließlich abgebrochen.

Unruhige Zeiten waren inzwischen heraufgezogen und überschatteten die Herrschaft der Frau von Train über ihre Hofmarksuntertanen. Die tändelnden Schäferspiele des Rokokos gingen zu Ende. Aufklärerische Ideen, welche Vernunft und Freiheit in den Mittelpunkt der moralisch-menschlichen Werte stellten, widersprachen der religiösen Gebundenheit, die vor allem die katholische Kirche forderte. Auch in Schloss Train war ein unabhängiger Geist eingekehrt, der sich mit den rigiden Vorstellungen des Benefiziaten der Schlosskapelle nicht vertrug.

Im Jahre 1797 brodelte es unter den Trainern stark; ein wahrer Aufruhr erhob sich am 22. Juni, als ruchbar wurde, dass die Schlosskapelle „ausgeleert" worden sei. Der Verwalter habe Hostienschrein und Muttergottesstatue entwendet. Die aufgebrachten Gläubigen bewaffneten sich „mit Hacken und Picken" und wollten gewaltsam ins Schloss einbrechen. Nur mit Mühe gelang es dem Benefiziaten, die Menschen zu beruhigen. Er reiste tags darauf nach Landshut, wo sich Elisabeth von Train hin und wieder „in besseren Kreisen" aufhielt. Erschrocken über die Vorfälle, wies Elisabeth ihren Verwalter an, alles in die Kapelle zurückzustellen und sich keinesfalls daran zu bereichern.

Aber es kam noch Unerhörteres hinzu, wie der Benefiziat nicht müde wurde, seinem Bischof nach Regensburg zu berichten: Dem Herrn Johann Baptist Kirmayr, ehemals Regierungsrat in Landshut und geborener Bierbrauersohn aus Abensberg, der die Verwaltung des Schlossgutes und der Hofmark übernommen hatte, eile ein „nicht wohlklingender

Ruf" voraus, mit welchem er „die sonst gute Hofmarksfrau" angesteckt habe. Dadurch hätte Elisabeth von Train „den neuerlichen Respekt bey den Unterthanen verloren". Denn die Hofmarksherrin und ihr Verwalter lebten wohl wie Mann und Frau zusammen, schrieb Benefiziat Sturm nach Regensburg und fragte, seine Vermutung bekräftigend: „Denn warum hat sich Herr von Kirmayr von seiner rechtmäßigen Ehefrau abgesondert, warum hat er in Landshut die Wohnung der Frau von Train bezogen, warum steht er so vertraut mit Hochselber und regiert alles unabhängig, sowohl hier als dort!" Und empört über diese Sündhaftigkeit fährt der Seelsorger fort: „Soll das der Herrschaft erlaubt seyn, warum (dann) nicht auch den Unterthanen! – Hat Hochdiese einen anderen Gott! – andere Gesetze!" Schon habe man manchmal „Unterthanen vernünfteln gehört" und in Zukunft könnten solche Reden „grobmäßiger zu vernehmen seyn."

Offenbar war aber der Stein des Anstoßes nicht das vermeintlich anstößige Betragen der Elisabeth von Train, sondern die Misswirtschaft des Verwalters, welche die Untertanen und Dorfbewohner mehr mit Abgaben und Steuern beschwerte als bisher. So war am 12. Juni 1798 neuerlich ein „Auflauf entstanden", der nur mühsam vor den Toren des Schlosses abgewehrt werden konnte. Seitdem betrage sich Herr von Kirmayr „behutsamer", wie Benefiziat Sturm dem Regensburger Bischof mitteilte.

Die Streitigkeiten zwischen Elisabeth und dem Benefiziaten gingen jedoch weiter. Man ereiferte sich über den Beginn der Messe in der Schlosskapelle, die auch von den Hofmarksuntertanen besucht wurde. Die Hofmarksherrin schrieb am 29. Juni 1798 in dieser leidigen Sache an den Bischof nach Regensburg und meinte: Im Benefizialfundationsbrief stehe zwar nichts darüber verzeichnet, dass die Messe „zu einer der Hofmarksherrschaft gefälligen Stunde" gelesen werden solle, aber es „solle ein Benefiziat den Respect gegen seine Hofmarksherrschaft jederzeit considerieren." Dies könne nun am besten dadurch geschehen, „als mit Abhaltung des Heiligen Meßopfers zuzuwarten, bis solche (= die Herrschaft) Muße" habe. Daher möge man doch dem Benefiziaten anbefehlen, „daß selber die heilige Messe zu einer solchen Zeit lesen solle, welche nicht unbequemlich der Hofmarksherrschaft zum Anhören" falle.

Europa änderte sich: Die Französische Revolution von 1789 brachte nicht nur neue Ideen, sondern auch neue Machthaber hervor. Das „Ancien Régime", das Alte Kaiserreich, ging unaufhaltsam seinem Ende zu. Das revolutionäre Frankreich suchte eigene Wege. Die 1791 missglückte Flucht des französischen Königs Ludwig XVI. einte die monarchischen Gegenmächte Österreich und Preußen. Diese unterlagen den Franzosen im sogenannten „Ersten Koalitionskrieg" in der bekannten Kanonade von Valmy (20. September 1792), worüber der beobachtende Goethe den berühmten Satz prägte: „Von hier und heute, meine Herren, geht eine neue Epoche der Weltgeschichte aus und ihr könnt behaupten, ihr seid dabei gewesen!"

Diese neue Epoche konnte man auch in der niederbayerischen Hofmark Train spüren. Der Ruf nach Freiheit und Gleichheit hatte sich weit über Frankreichs Grenzen hinaus bis nach Bayern verbreitet, revolutionäre Flugschriften kamen in Umlauf. Die Untertanen begehrten hie und da auf, so dass der bayerische Kurfürst Karl Theodor sogar sämtliche leitende Beamten entließ, als man der Landshuter Rentamtsregierung allzu willkürliche Amtsführung vorwarf. Französische Soldaten besetzten Bayern und zwangen zu einem Waffenstillstand, 1796 im Pfaffenhofener Vertrag niedergelegt, welcher vor allem hohe Kontributionszahlungen und Fourage für die Truppen forderte. Im November 1798 schloss sich der bayerische Kurfürst den Koalitionären an und unterstellte die bayerischen Soldaten dem österreichischen Oberbefehl. Bereits zu Beginn des Jahres 1799 standen an die 60 000 Österreicher im Land.

Auch in Train mussten Soldaten beherbergt und versorgt werden. So berichtete Benefiziat Peter Sturm am 8. September 1798 nach Regensburg an die bischöfliche Verwaltung, dass es wegen der Söldner im Dorf zu Ausschweifungen käme und dass „Bachus und Venus" maßlos gefrönt werde. Als Folge dieser Sündhaftigkeit sei „eine anwachsende (...) Kaltblütigkeit mancher Weiber gegen ihre Männer, dagegen desto mehr Feuer gegen (die) Soldaten" zu bemerken. Denn die andersgläubigen Söldner behaupteten, „dass sie auch gute Christen wären, (aber) mit ihrer Religion leichter als die Katholischen in den Himmel (kämen), es gebe kein Sechstes Gebot, selbst der Naturtrieb widerspreche (dem)selben."

Offenbar schlugen sich in moralischer Hinsicht die Soldaten und die ihnen wohlgesinnten Dörflerinnen auf die Seite des Verwalters Kirmayr, der ja angeblich der Geliebte der Hofmarksherrin Elisabeth von Train war. Diese Freizügigkeit gefiel dem Benefiziaten Sturm überhaupt nicht. Müde des beständigen Ringens mit der Herrschaft im Schloss ging er 1799 als Pfarrer nach Teuerting, wohingegen der dortige Seelsorger Kajetan Robel nach Train kam und 13 Jahre lang blieb. Seit 1805 gab es für die Schlosskapelle einen eigenen Kaplan, namens Korsinus Mayer. Dieser unterrichtete auch an der örtlichen Schule, die von Elisabeth von Train finanziell unterstützt wurde. Später bestellte das Straubinger Hofgericht den Kaplan zusätzlich zum Verwalter des Schlossgutes.

Am 13. November 1805 erlitt Fürst Carl Anselm von Thurn und Taxis während einer Fahrt nach Gut Etterzhausen einen „Schlagfluss". In einem Gastzimmer des Dorfes Winzer verschied er nur wenige Stunden darauf. In der Wolfgangskrypta der St. Emmeramskirche zu Regensburg wurde der Erbgeneraloberstpostmeister im Deutschen Reich, in Burgund und den Niederlanden, der Erbmarschall der souveränen Provinz Hennegau und Prinzipalkommissar des Immerwährenden Reichstags mit pompösen Trauerfeierlichkeiten beigesetzt.

Nur wenige Tage später erhob Elisabeth von Train als Witwe finanzielle Ansprüche und Forderungen. In ihrem Schreiben vom 26. November 1805 an Karl Alexander, den Sohn und Nachfolger des verstorbenen Fürsten, heißt es: „Tiefgebeugt durch den so schnellen als unerwarteten Hintritt Seiner Hochfürstlichen Durchlaucht meines Gnädigsten

Gemahles, welchen zu erfahren mir nur durch den öffentlichen Ruf und Zeitungs-Blättern gestattet wurde, unterstehe ich mich Eurer Hochfürstlichen Durchlaucht aus dem reinsten Innersten meines Herzens die sehnlichsten Wünsche einer Segen bringenden langen Regierung ehrfurchtsvollest darzubringen. / Durch Eheverträge zur Vormundschaft meines einzigen Sohnes berechtigt, habe ich den Kurpfalzbaierischen Regierungs-Rath von Kurmeyern (Kirmayr), und den Hofrath und Kurfürstlichen Regierungs-Advokaten Boppi zu Stadt am Hof als vormundschaftliche Beistände ersuchet, welch Beide das Beste meines Sohnes zu besorgen." Im Folgenden berief sich Elisabeth von Train auf die Vereinbarungen ihres Ehevertrages und erinnerte den neuen Fürsten an seine Pflicht, sie und ihren Sohn, seinen Halbbruder, zu versorgen. Sie unterzeichnete den Brief mit „Ellysabeth von Train, Wittib".

Fast ein Jahr später sah sich Frau von Train genötigt, nochmals zu schreiben. Sie klagte am 18. September 1806, dass ihre Unterhaltsansprüche immer noch nicht geregelt wurden und dass sie daher „in Kummer und Elend schmachten" müsse. Selbst ihre Gesundheit sei bereits aus „Gram und Sorgen" angegriffen.

Das ganze Verfahren zog sich mehrere Jahre hin, zumal ihre Forderungen überschattet wurden von einem Prozess, den man gegen sie und ihren Verwalter wegen Unterschriftsfälschung einleitete. Vorausgegangen waren Jahre des Schuldenmachens und der Misswirtschaft. Seit 1788 (bis 1822) häuften sich die Akten über ihre Finanzmisere. Um aus der Geldverlegenheit herauszukommen, griff Elisabeth, wohl angestiftet von ihrem Verwalter Kirmayr, zu einem letzten Strohhalm: Man fälschte die Unterschrift des Erbprinzen Karl Alexander von Thurn und Taxis als Bürgen für einen Kredit von 20 000 Gulden. Elisabeth von Train entkam schließlich einer Verurteilung, man konnte ihr eine Beteiligung an dem Betrug nicht nachweisen. Auch fürchtete das fürstliche Haus weiteres Aufsehen. Um die immensen Schulden zu decken, wurde am 20. Juni 1815 das „Gantverfahren" über Schloss und Güter vom „Königlichen Appellationsgericht für den Unterdonaukreis Straubing" eingeleitet. Elisabeth musste Train verlassen. Sie erhielt weiterhin, gemäß ihrem Ehevertrag, jährlich eine Rente von 3200 fl zu ihrem Unterhalt.

Am 17. April 1841 erreichte wieder ein Schreiben die fürstliche Verwaltung. Joseph Karl von Train teilte darin mit: „Meine Mutter, seit einigen Wochen mit der (Altersschwäche) befallen und unrettbar verloren, kann noch ein paar Monate leben, aber auch, wie ihr Hausarzt Dr. Heyser, erklärt, binnen vier und zwanzig Stunden eine Leiche seyn, da vorauszusehen ist, daß ihre permanente Schlaflosigkeit, die furchtbarsten Schmerzen an dem brandigen Fuße und die heftige Abneigung gegen alle Nahrung, mit Ausnahme einiger Fleischbrühe, sie so schwäche, daß sie plötzlich verlöschen wird."

Vier Wochen später starb Elisabeth von Train im Alter von 84 Jahren in ihrer Wohnung am Krauterermarkt (Haus Nr. 1) zu Regensburg. Ihr Sohn Joseph Karl teilte dem fürstlichen Haus mit: „Nach fünf monatlichem, schauderhaften Leiden ist heute Mittags ½1 Uhr meine Mutter im Herrn entschlafen." Anschließend bat er um Begleichung der „Hauswirtschafts-Bedürfniße" seiner Mutter. Zu den 22 Gulden, die bereits angewiesen worden waren, kamen noch 11 Schillinge 42 Kreuzer hinzu sowie 1. Umsatzgebühren für das Pfandamt 15 Schillinge 36 Kreuzer; 2. Bezahlung der Wärterin Veronica Sutter für 18 Nachtwachen 12 Schillinge; 3. Auslagen der Köchin für Himbeersaft, Brennöl, Kerzen und Räucherpulver 4 Schillinge 52 Kreuzer sowie 4. für die Wäscherin 1 Schilling 40 Kreuzer. Joseph Karl von Train dankte für die bisherige finanzielle Unterstützung und erbat neuerlich Geld für die Bestattung der morganatischen Gemahlin des verstorbenen Fürsten. Er wolle, so schrieb er, seine Mutter „doch wenigstens in der III. Klasse beerdigen" lassen, was etwa 75 Gulden koste. Die Grablegung erfolge am Donnerstag um 9 Uhr morgens „im Friedhofe der untern Stadt". Für den Trauergottesdienst, zu dem auch Publikum erwartet werde, würden er und seine Frau samt Tochter angemessene Trauerkleidung benötigen, wofür er ebenfalls um Geld ersuche.

Elisabeths Sohn, der von ihrem fürstlichen Gemahl Carl Anselm von Thurn und Taxis stammte, hatte das Gymnasium in Landshut besucht und war 1798 als Page an den Hof des Salzburger Erzbischofs Colloredo gekommen. Nach einem kurzen Studium an der philosophischen Fakultät der Universität Landshut (seit 1802), war er 1804 in österreichische Militärdienste getreten und 1805 im Range eines Leutnants in das 1. Chevauxlegers-Regiment des bayerischen Kronprinzen gewechselt. Seit dem 12. Lebensjahr erhielt er eine Apanage von 1000 Gulden jährlich, die seinen Lebensunterhalt sichern sollte. Aufgrund seiner hohen Verschuldung sah sich der inzwischen zum Oberleutnant aufgestiegene Joseph Karl jedoch gezwungen, von der teueren Kavallerie zur (hinsichtlich der Ausstattung) preiswerteren Infanterie überzutreten. 1814 musste er zwangsweise wegen „ehrenrührigen Verhaltens" in Geldangelegenheiten als Hauptmann seinen Abschied nehmen. Nur die Heirat am 3. Juli 1815 mit Anna Maria von Schönprunn aus Miltach im Bayerischen Wald rettete ihn vor dem weiteren Abstieg. Das Paar setzte sieben Kinder in die Welt und lebte wohl noch bis 1822 im Schloss zu Train. 1824 erwarb dann Anna Maria von Train zwei Anwesen in Karthaus-Prüll bei Regensburg. Wahrscheinlich lebte die Familie damals überwiegend von Anna Marias Erbe, denn die Apanage ihres Ehemannes war verpfändet. Bittgesuche an den Halbbruder Karl Alexander von Thurn und Taxis blieben zumeist unerhört; allerdings half der fürstliche Hof bei der Ausbildung der Enkel der Elisabeth von Train.

Nachdem ihm die fürstliche Verwaltung eine Anstellung verwehrt hatte, wandte sich Joseph Karl von Train einem neuen Erwerbszweig zu: Er wurde Schriftsteller. Seit 1824 bis zu seinem Tode veröffentlichte Train über fünfzig Bücher. Er schrieb ein knappes Dutzend Fachbücher, z.B. über Blumen- und Zierpflanzenzucht (Regensburg, Reitmayr 1827/28), über das Jagdwesen oder ein Wörterbuch über die Gaunersprache (Regensburg, Pustet 1832). Des Weiteren verfasste er zehn Erbauungsbücher für „die reifere Jugend". Aber der größte Teil seiner literarischen Produktion weist ihn – gemäß der

„Bibliotheca Germanorum erotica et curiosa“ – als einen der „schlimmsten Vielschreiber auf dem Gebiete des lasziven Kriminal-, Familien- und Schauerromans“ aus. So erschienen 1833 zwei Bände bei Gödschee in Meißen mit dem Titel „Die Schauergruft in der Waldkapelle oder die Opfer des Verhängnisses der Leidenschaften und Verbrechen“.

Seit 1844 verschlechterte sich Trains Gesundheitszustand; er trennte sich von seiner Familie und zog 1850 nach Landshut, wo er auch am 12. April 1851 starb und begraben wurde. Nur ein Enkel der Elisabeth von Train trat in fürstliche Dienste: Anton von Train lebte als Thurn und Taxisscher Oberförster in Falkenstein und hatte mit seiner Ehefrau Mathilde drei Kinder, zwei Töchter und einen Sohn. Mit diesem Urenkel Hermann, der Arzt wurde, endete im Mannesstamm die Linie der Elisabeth von Train, der morganatischen Gemahlin des Fürsten Carl Anselm von Thurn und Taxis.

Der „einzige Mann im fürstlichen Hause“

Therese Mathilde
Herzogin von Mecklenburg-Strelitz
(1773–1839)

Gemahlin des Fürsten
Karl Alexander von Thurn und Taxis
(1770–1827)

Stammtafel Therese von Mecklenburg-Strelitz

Karl Ludwig Hzg. v. Mirow
Hzg. v. Mecklenburg-Strelitz
(1708–1752)
⚭ Elisabeth Przn. v.
Sachsen-Hildburghausen
(1713–1761)

Weitere Kinder

Charlotte
⚭ Georg III.
Kg. v. England

Adolph
Friedrich IV.
Hzg. v.
M.-Strelitz

Georg Wilhelm Ldgf. v. Hessen-Darmstadt
(1722–1782)
⚭ Luise Gfn. v. Leiningen-Dagsburg-Heidesheim (1729–1818)

Weitere Kinder

Carl Anselm Fürst v. Thurn u. Taxis (1733–1805)
⚭ (1) Augusta Elisabeth Hzgn. v. Württemberg (1734–1787)
⚭ (2) (morgan.) Elisabeth v. Train

vier weitere Kinder

Karl II. Hzg. v. Mecklenburg-Strelitz (1741–1816),
reg. Hzg. ab 1794; Ghzg. ab 1815
⚭ (1) Friederike v. Hessen-Darmstadt (1752–1782)
⚭ (2) Charlotte v. Hessen-Darmstadt (1755–1785)

(2)
Karl
(1785–1837)

---

(1)

Charlotte (1769–1818)
⚭ Friedrich v. Sachsen-Hildburghausen
(1763–1834)

Karoline (1771–1773)

Georg (1772–1773)
Friedrich (*† 1774)

Therese v. Mecklenburg-Strelitz (1773–1839)
⚭ 1789 Karl Alexander v. Thurn u. Taxis (1770–1827), reg. Fürst ab 1805

Luise (1776–1810)
⚭ 1793 Friedrich Wilhelm III.
Kg. v. Preußen
(1770–1840)

Georg
Hzg. v. M.-Strelitz
(1779–1860)
⚭ Marie v.
Hessen-Kassel
(1796–1880)

Friederike (1778–1841)
⚭ (1) Ludwig v. Preußen (1773–1796)
⚭ (2) Friedrich v. Solms-Braunfels (1770–1814)
⚭ (3) Ernst August Kg. v. Hannover (1771–1851)

Friedrich
(1781–1783)

Auguste
(*† 1782)

(Thereses ill. Kinder)
Georg Adolf v. Stockau (1806–1860)
⚭ Franziska Gfn. v. Fünfkirchen
Emanuel Maximilian v. Straka (* 1807)
Elisabeth Therese v. Straka (* 1807)
⚭ Friedrich Gutermann
Amalie v. Sternfeld (Stargard)
(1808–1888)
⚭ (1) Alexander v. Krüdener;
⚭ (2) Nikolai v. Adlerberg
Therese Luise v. Straka (* 1809)
⚭ Dr. Konrad Schwenck

Charlotte Luise
(*† 1790)

Georg Karl (1792–1795)

Maria Theresia (1794–1874)
⚭ Paul Anton Fürst Esterházy v. Galántha

Maria Sophia Dorothea
(1800–1870)
⚭ Paul Wilhelm Hzg. v. Württemberg

Maximilian Karl, Erbprinz v. Thurn und Taxis (1802–1871)
⚭ Wilhelmine von Dörnberg

Friedrich Wilhelm (1805–1825)

Galant, gebildet und politisch

Erbprinz Karl Alexander von Thurn und Taxis studierte unter Aufsicht des Abbé Devaux in Straßburg. 1784 zog er gemeinsam mit seinem um zwei Jahre jüngeren Bruder Friedrich Johann und dem neuen „Gouverneur" Freiherrn von Eberstein nach Würzburg, um die begonnenen Studien fortzusetzen. Eine Ferienreise führte sie 1785 nach Aschaffenburg, Dieburg, Mainz, Heidelberg und Darmstadt. Hier am Darmstädter Hof wurden die Prinzen freundlich willkommen geheißen. Die damals angeknüpften Beziehungen konnten die Brüder intensivieren, als sie ab Oktober 1786 an der Mainzer Universität studierten. Ihre häufigen Besuche in Darmstadt wurden nicht ungern gesehen, denn am Darmstädter Hof hielten sich einige Prinzessinnen im heiratsfähigen Alter auf. Unter ihnen die erst 14-jährige Therese Mathilde von Mecklenburg-Strelitz, in die sich Karl Alexander verliebte und beschloss, das hübsche Mädchen zu heiraten.

Ob Prinzessin Therese seine Neigung im selben Maße erwiderte, ist fraglich, denn die seit 1787 betriebenen Eheverhandlungen wurden 1788 kurzfristig ausgesetzt. Angeblich hatte sich Therese anderweitig verliebt und wünschte die Verlobung aufzulösen. Einem Brief des Fürsten Carl Anselm von Thurn und Taxis vom 12. März 1788 an seinen Geheimen Rat von Lilien ist zu entnehmen, dass erst „eine gänzliche Veränderung der jetzigen gegen den Erbprinzen hegenden Gesinnungen eintreten müsse", bevor man eine Vermählung wieder ernsthaft ins Auge fasse. Natürlich könne es sich bei dem Sinneswandel der 15-jährigen Braut auch nur um eine „üble Laune“ oder eine „mädchenhafte Verstimmung“ handeln, meinte der Fürst väterlich. Inzwischen aber hielt er schon einmal anderweitig Ausschau nach einer geeigneten Schwiegertochter, als Freiherr von Lilien am 18. Mai 1788 aus Darmstadt völlig unerwartet „von dem günstigen Gang des obseienden Heirathsgeschäftes“ berichtete. Zur Begründung der Wiederaufnahme der Verhandlungen führte er eine „geneigte Erklärung der Prinzessin“ an. Therese hatte sich also entschieden. Nun gingen beide Seiten erneut daran, den Ehevertrag auszuhandeln.

Während der Wochen des Wartens hatte sich der zukünftige Bräutigam samt Bruder und Begleitung auf die übliche Kavalierstour begeben, welche seine standesgemäße Ausbildung abschließen sollte. Man besuchte zunächst Paris, reiste im Frühjahr 1788 auf dem Paketboot über den Ärmelkanal nach England und verweilte einige Zeit am Hofe der Königin Charlotte, der Gemahlin König Georgs III. und Tante der zukünftigen Braut. Karl Alexander machte einen vortrefflichen Eindruck auf die Königin. Ihr Urteil trug wohl dazu bei, dass sich Thereses Vater, der bisher Vorbehalte gegen die nicht ganz standesgemäßen Thurn und Taxis geäußert hatte, nachgab und einer Verlobung zustimmte.

Über Belgien, die Niederlande, Südfrankreich und Rom kehrte der zukünftige Bräutigam am 8. November 1788 von seiner Reise nach Regensburg zu seinem Vater zurück. Inzwischen waren hinsichtlich seiner Verheiratung alle Steine aus dem Wege geräumt worden. Sogar der Kaiser in Wien hatte sich eingemischt, da er eine katholische Prinzessin als Gemahlin seines zukünftigen Stellvertreters auf dem Reichstag zu Regensburg favorisierte. Denn Therese von Mecklenburg-Strelitz war zum Leidwesen der katholischen Majestät zwar standesgemäß aber protestantisch.

Die Auserkorene Karl Alexanders hatte als zweites überlebendes Kind des Herzogpaares Karl von Mecklenburg-Strelitz und seiner Gemahlin Friederike, geborene Landgräfin von Hessen-Darmstadt, am 5. April 1773 in Hannover das Licht der Welt erblickt. Mit ihren Geschwistern Charlotte, Luise, Friederike und Georg verband Therese zeitlebens eine enge Freundschaft. Früh (1782) verloren die Kinder ihre Mutter, welche nach zehn Entbindungen erst 30-jährig gestorben war. Auch die geliebte Stiefmutter Charlotte von Hessen-Darmstadt, eine Tante der Kinder, verschied bereits 1785 im Kindbett nach nur kurzer Ehezeit mit Herzog Karl. Der trauernde Witwer, bislang als Gouverneur des englischen Königs in Hannover residierend, welches damals mit dem Königreich Großbritannien in Personalunion verbunden war, gab seine Position auf und schickte die drei minderjährigen Töchter Therese, Luise und Friederike zur Großmutter nach Darmstadt. Die älteste Tochter Charlotte war bereits als Vierzehnjährige mit Herzog Friedrich I. von Sachsen-Hildburghausen vermählt worden. Charlotte, selbst mit einer professionell ausgebildeten Stimme begabt, machte aus Schloss Hildburghausen einen Musenhof. Dort lernte später der Schriftsteller Jean Paul die mecklenburgischen Prinzessinnen kennen und widmete „den vier schönen und edeln Schwestern auf dem Throne" seinen Roman „Titan". Damals waren aus den mecklenburgischen Prinzessinnen durch vorteilhafte Heiraten zwei Königinnen und zwei Fürstinnen hervorgegangen. Denn nach Thereses Hochzeit mit dem Erbprinzen von Thurn und Taxis verband sich Luise mit dem zukünftigen König von Preußen, Friedrich Wilhelm III., und Friederike heiratete schließlich in dritter Ehe Ernst August, den König von Hannover.

Zunächst aber verbrachten die Mädchen in Darmstadt glückliche Kinder- und Jugendjahre. Hier, wo einst die „Große Landgräfin" Caroline Hof gehalten hatte, war inzwischen beschauliche Ruhe eingekehrt. Landgraf Ludewig, der Sohn Carolines und spätere Großherzog, hatte seine Cousine geehelicht, die eine Tante der halbverwaisten Prinzessinnen von Mecklenburg-Strelitz war. Bei Großmutter Luise von Hessen-Darmstadt wuchsen sie nun liebevoll umsorgt, doch ohne Luxus auf. Sie wurden in Französisch, Geschichte und Geografie unterrichtet, musizierten und tanzten. Als Intelligenteste der Schwestern galt Therese. Sie spielte Harfe und Klavier, war ungewöhnlich belesen und eigenwillig. Mit ihrer aparten Erscheinung, dem ovalen Gesicht, umrahmt von dunklen Locken, und den wachen braunen Augen, gefiel sie Erbprinz Karl Alexander ausnehmend gut. Therese, zunächst spröde und ablehnend, fügte sich schließlich in diese vorteilhafte Verbindung, wie Goethes Freund Johann Heinrich Merck nach Weimar zu berichten wusste: „Alle klugen Leute sind indessen der Meynung, diese Heurath würde dem Prinzen von Mecklenburg, der noch mehrere Töchter hat, wohl anstehen und der Prinzessin noch mehr, die an Taschengeld und Juwelen nirgends eine reichere Erndte finden kann."

Im Mai 1789 reiste Erbprinz Karl Alexander mit fürstlichem Gefolge über Bayreuth, Leipzig, Wittenberg und Berlin nach Neustrelitz. Hier, in der Residenz Adolf Friedrichs IV., des herzoglichen Onkels der Braut, fand die Trauung in der Schlosskapelle am 25. Mai statt. Zwei Wochen nach der Hochzeit fuhren die Frischvermählten nach Schloss Trugenhofen zu Thereses Schwiegervater, der sie dort am 12. Juni fürstlich empfing.

Tagelange Festlichkeiten erfreuten und ehrten nun die Neuvermählten. Das Schloss und die Gartenanlagen waren illuminiert, die gesamte Hofgesellschaft beteiligte sich an theatralischen Vorführungen und allerlei Mummenschanz, Gedichte und Hymnen wurden vorgetragen, das Hoforchester spielte neue Kompositionen, Hofbälle fanden im geschmückten Theatersaal statt und die Bevölkerung der umliegenden Thurn und Taxisschen Besitzungen musste sich zum Begrüßungsspalier aufstellen. Das junge Paar nahm die zahlreichen Glückwünsche entgegen und die Hochzeitsgesellschaft stärkte sich bei opulenten Festmählern. Man lustwandelte in den Laubengängen, die von 6000 Lampen erhellt wurden und in deren Nischen sich Statuen auf Säulen versteckten. Nach der großen Mittagstafel am 14. Juni lauschten alle einem Konzert, und ein Fräulein von Schacht brachte ein Melodram zu Gehör.

Den Tag darauf fand ein ländliches Rokoko-Fest statt.

Die Hofgesellschaft fuhr in sechsspännigen Kutschen zum „Englischen Wald", einer weitläufigen, nach englischem Vorbild gestalteten Parkanlage. Hier erklangen Jagdhörner zur Begrüßung und die frischgebackenen Eheleute wurden zu einem erhöht stehenden Tempelchen geleitet. Aus diesem trat die Göttin Diana, dargestellt von Freifrau von Eberstein, hervor und bedeutete dem hohen Paar, ihr zu folgen. Bald erreichte man eine Einsiedelei, deren zwei Bewohner alle zu einem einfachen Mahl mit Butter, Käse, Rettichen und Brot in ihre Klause einluden. Dann wanderte man ein kurzes Stück und stieß dabei bald auf eine lustige Bauernhochzeit. Es herrschte emsiges Treiben zwischen den Jahrmarktsbuden, die mit Girlanden, Wimpeln und Fahnen geschmückt waren. Auf dem nahen Dorfweiher schaukelten Gondeln, geführt von schlanken Gondolieri in roten, silberverbrämten Wämsen. Flotte Bauernburschen und schmucke Bauernmädchen fuhren die Heuernte ein. Taschenspieler und Gaukler zeigten ihre Tricks. In einem künstlichen Kohlenmeiler schmiedete Vulkan höchstpersönlich „Waffen der Liebe" und Hymen, der Hochzeitsgott, dargestellt von Fräulein Henriette von Jett, schwang über allem die Fackel der Liebe.

Ein glänzendes Souper und ein rauschender Hofball im Schloss beendeten die ereignisreichen Festtage.

Gegen Ende Oktober 1789 bezog das Erbprinzenpaar in Regensburg seine Appartements im sogenannten Prinzipaltrakt, einem durch eine Mauer vom übrigen Kloster St. Emmeram abgeschlossenen Ostflügel. Der regierende Fürst Carl Anselm residierte dagegen in seinem Palais an der Nordseite des Emmeramsplatzes, dem früheren Freisinger Hof, so er sich nicht auf Schloss Trugenhofen aufhielt. Am 6. Mai 1792 zerstörte allerdings ein Brand den Regensburger Wohnsitz des Fürsten gänzlich. Zwar konnte die wertvolle Einrichtung größtenteils gerettet werden, auch kam niemand bei diesem Unglück zu Schaden, aber die Residenz war verloren. Mietweise überließ das Reichsstift St. Emmeram Thereses Schwiegervater ein Gebäude an der Westseite des Emmeramsplatzes, das bisher der Gesandte von Kurtrier bewohnt hatte. Nach schnellstmöglichem Umbau konnte der Fürst sein neues Palais bereits im November beziehen und Therese beschrieb ihrem Bruder Georg bewundernd die Pracht der 54 Räume. Heute ist dieses Gebäude Sitz der Regierung der Oberpfalz; erhalten aber hat sich von den Prunkräumen nur der große Festsaal.

Lange Zeit wohnten die Fürsten von Thurn und Taxis in der Reichsstadt Regensburg nur zur Miete, denn aus rechtlichen Gründen sah die freie Stadt es nicht gerne, wenn sich ein anderer Reichsstand bei ihr einkaufte. Erst nach dem Ende der Reichsfreiheit und dem Übergang Regensburgs an das Königreich Bayern 1810 erhielt das Fürstenhaus von Thurn und Taxis als Entschädigung für entgangene Postrechte das säkularisierte Reichsstift St. Emmeram im Jahre 1812 übertragen. Dieses wurde dann in der Folgezeit zum fürstlichen Schloss ausgebaut, so wie es heute noch steht.

In die Jahre gekommen, fühlte sich Fürst Carl Anselm den umfangreichen Repräsentationspflichten eines kaiserlichen Prinzipalkommissars in Regensburg gesundheitlich nicht mehr gewachsen und deshalb übernahm diese Aufgabe immer häufiger und zur Zufriedenheit aller das Erbprinzenpaar, wie der reisende Herr von Hess mitteilt: „Der Erbprinz mit seiner Gemahlin werden ihres sittlichen Vorzugs, ihrer Geistesbildung und überhaupt ihres humanen Betragens wegen allgemein geschätzt und gerühmt.“ Therese war damals 16 und Karl Alexander 19 Jahre alt.

Am 9. März 1797 legte Fürst Carl Anselm schließlich das kaiserliche Amt nieder und Kaiser Franz II. ernannte Thereses Gemahl zu seinem offiziellen Vertreter am Immerwährenden Reichstag. Acht Jahre später, am 13. November 1805, starb der alte Fürst und Karl Alexander folgte ihm als regierender Fürst von Thurn und Taxis nach.

Nun war Therese Fürstin und eine strahlende Erscheinung. Dazu heißt es 1801 in den „Flüchtigen Bemerkungen eines flüchtig Reisenden“: „Die Fürstin von Thurn und Taxis stand als Gemahlin des Prinzipalkommissars an der Spitze der Regensburger Gesellschaft. Sie wusste durch Jugend, Schönheit und Liebenswürdigkeit sich viele Herzen zu gewinnen und war eine große Freundin der Geselligkeit." Der fürstliche Hof konnte es nicht nur „an Glanz mit vielen deutschen Höfen aufnehmen", sondern wusste darin noch viele zu übertreffen: „Jeden Sonntag war ein großes Diner und abends Empfang und Spiel (...). An jedem Donnerstage war Konzert, wo nach damaliger Hofsitte, ebenso wie bei größeren Diners, keinem anständig Gekleideten der Eintritt als Zuhörer verweigert wurde, er aber immer sich in einer gewissen Entfernung von den wirklich Eingeladenen zu halten hatte. Dass die Fürstin als Freundin des Tanzes auch genug Bälle gab, versteht sich von selbst, und da der Winter 1801 lange anhielt, so blieben Schlittenfahrten nach den benachbarten Schlössern nicht aus, wo dann jeder seine Dienerschaft so gut wie möglich ausstaffierte. Wenn die liebenswürdige, hochgebildete Fürstin dergestalt den Ton angab, so ist es begreiflich, dass alle mehr oder minder, je nachdem es die pekuniären Verhältnisse gestatteten, ihr nacheiferten, und so der Winter unter Vergnügungen allerlei Art höchst angenehm verbracht wurde," weiß der Reisende noch zu berichten.

Therese und Karl Alexander bekamen sechs gemeinsame Kinder. Die ersten beiden, Charlotte Luise (1790) und Georg Karl (1792–1795), starben noch im Kleinkindalter. Dann folgten zwei Töchter, Maria Theresia (1794) und Maria Sophia (1800), die sich später mit Paul Anton Fürst Esterházy von Galántha beziehungsweise Paul Wilhelm Herzog von Württemberg vermählten. Der Erbprinz Maximilian Karl erblickte 1802 das Licht der Welt und sein Bruder Friedrich Wilhelm schließlich 1805. Damit war das Kinderprogramm des fürstlichen Paares abgeschlossen. Auch hatten sich inzwischen Therese und Karl Alexander auseinandergelebt. Man erwog sogar die Scheidung, welche dann aber doch unterblieb.

Beide beschritten nun allerdings privat eigene Wege. Fürstin Therese ging eine langjährige Liebesbeziehung mit Maximilian Graf von Lerchenfeld-Köfering ein. Dieser war, wie sein Nachkomme Graf Hugo von Lerchenfeld erinnerte, „ein mit reichem Können ausgestatteter Lebemann, bayerischer

Gesandter am Hofe Jerômes in Kassel". Thereses große Liebe starb nur wenige Jahre später im Napoleonischen Krieg: Graf von Lerchenfeld ertrank beim Versuch, einen Soldaten zu retten, und wurde am 4. November 1809 in Köfering beigesetzt, wie die Sterbematrikel des Pfarramtes verzeichnen.

Aus der Verbindung Thereses mit Maximilian von Lerchenfeld gingen fünf Kinder hervor. Als Erstes wurde am 6. Mai 1806 ein Sohn geboren, der den Namen Georg Adolf von Stockau erhielt. Am 18. August 1808 schrieb Freiherr von Leykam, der gerade mit auf Schloss Trugenhofen weilte, an Konferenzrat Grub: „Sma (Serenissima) ist gestern Mittags 12 Uhr angekommen und hat ihren Kindern einen Jungen von drei (?) Jahren George von Stockach mitgebracht, welcher mit ihnen erzogen werden soll." Und Konferenzrat Grub antwortete am 23. August 1808 spekulierend, dass hinsichtlich des Namens, den besagter Knabe führe, wohl „der Erbprinz von Strelitz Auskunft geben müsste". Offensichtlich wurde Thereses Bruder Georg als Vater des Knaben verdächtigt. Fürstin Therese hatte also ihr Geheimnis wohl gehütet. Aber der Name von Stockau weist doch auf seine Herkunft hin. Denn 1799 war Schloss Stockau bei Dieburg als Erbe seiner Gemahlin Maria Anna, geb. Freiin Groschlag, in den Besitz des Grafen Lerchenfeld-Köfering gekommen. Der Knabe Georg wurde eine Zeitlang in Regensburg mit den ehelichen Söhnen der Fürstin erzogen, kam dann in ein Schweizer Institut und trat 1817 in den österreichischen Militärdienst ein. Am 25. November 1830 vermählte sich Georg von Stockau mit Gräfin Franziska von Fünfkirchen. Er starb am 12. April 1865.

Die Zwillinge Emanuel Maximilian und Elisabeth Therese erblickten 1807 das Licht der Welt und erhielten später wie ihre 1809 geborene Schwester Therese Luise den adeligen Namen „von Straka". Diese drei Kinder wurden „als Waisen in das Erziehungs-Institut der Madame Bunsen geb. Huth zu Frankfurt am Main" gegeben. Elisabeth von Straka ehelichte später Friedrich Gutermann und ihre Schwester Therese von Straka Dr. Konrad Schwenck, beide Gymnasiallehrer zu Frankfurt. Fürstin Therese von Thurn und Taxis wohnte in den Jahren 1808 bis 1810 häufig im „Frankensteinschen Haus“ zu Sachsenhausen bei Frankfurt am Main. Sie ließ ihre außerehelichen Kinder lutherisch taufen. Geboren waren sie alle im Großherzogtum Hessen.

Eine außereheliche Tochter der Fürstin Therese wurde sogar berühmt: Die 1808 geborene Amalie Stargard. Aufgrund ihres ungewöhnlichen Liebreizes wurde sie von Joseph Stieler für die Schönheitengalerie König Ludwigs I. von Bayern gemalt und ist noch heute in Schloss Nymphenburg zu bewundern. Amalie wuchs bei der „großherzigen und tätigen“ Gemahlin des Grafen Maximilian von Lerchenfeld auf, der ihr sein außereheliches Kind anvertraut hatte. Marianne (Anna Maria) von Lerchenfeld bemühte sich, ein Adelsdiplom für ihre Pflegetochter zu erlangen. Am 20. Februar 1821 schrieb sie daher an den Großherzog von Hessen-Darmstadt: „Ich habe nämlich das Glück, durch meine Besitzungen Stockau bey Dieburg, wo ich geboren und erzogen wurde, und das mir gleichfalls zugehörige Dorf Eppertshausen Vasallin Euerer Königlichen Hoheit zu seyn.“ Und da dies auch bei ihrer Pflegetochter der Fall sei, fuhr die Gräfin fort, wünsche sie ein Adelsdiplom für Amalie, welches auch ihrem Stand angemessen sei und zudem der jungen Frau bessere Ehechancen eröffnen würde. 1823 wurde dann aus Thereses unehelicher Tochter „Amalie von Sternfeld“.

Bald zog die „gefeierte Schönheit“ die Aufmerksamkeit des russischen Diplomaten Alexander von Krüdener auf sich. Erst 17-jährig heiratete Amalie dann 1825 in Köfering den Baron, der sich bereits in fortgeschrittenem Alter befand. 1826 kam ihr erstes Kind Nikolai-Arthur zur Welt. Zehn Jahre später zogen die Krüdeners nach St. Petersburg, wo die schöne und kluge Amalie eine große Rolle in der dortigen Gesellschaft spielte. 1848 gebar Amalie einen außerehelichen Sohn von ihrem Geliebten Graf Nikolai von Adlerberg. Diesen heiratete sie schließlich 1855, nachdem ihr Gemahl Baron von Krüdener 1852 in Stockholm gestorben war. Graf Adlerberg wurde zum Gouverneur von Finnland ernannt und Amalie lebte mit ihm von 1866 bis 1881 in Helsinki. Dann kehrte sie, nach der Ermordung des russischen Zaren Alexander II., nach München zurück, baute schließlich das „Haus Adlerberg" am Tegernsee und starb dort am 21. Juni 1888. Auf dem Friedhof in Rottach-Egern fand die uneheliche Tochter der Fürstin Therese von Thurn und Taxis ihre letzte Ruhe.

Fürstin Therese sorgte umsichtig auch für ihre legitimen Nachkommen. Manche Strapaze nahm sie auf sich, viele unbequeme Reisen und die Mühen zahlloser Verhandlungen, um das Auskommen ihrer Kinder zu sichern. Sie selbst drückte es in einem Brief an ihren Bruder Georg einmal so aus: „Hätte ich nur keine Kinder, so wäre mir alles einerlei, aber wenn ich an die Blüte dieses Hauses denke und dann an die Zukunft, dass meine Kinder vielleicht darben müssen, nein, das ist entsetzlich." Diese Sorge um das Wohl ihrer Kinder motivierte Thereses umfangreiches politisches Engagement der folgenden Jahre. Bereits 1797 hatte ein Zeitgenosse weitsichtig bemerkt: Erbprinzessin Therese „wird den fürsttaxisschen Familienglanz zu vervielfachen beitragen, und vielleicht noch einst durch die mächtigen Verbindungen mit Europas ersten Höfen mehr vervollkommnen." Diese Beziehungen wusste Fürstin Therese nun auch zu nutzen und darüber hinaus neue zu knüpfen, als es um die Wahrung der wirtschaftlichen Interessen des fürstlichen Hauses ging, um den Erhalt des sozialen Ranges und des Reichtums der Fürsten von Thurn und Taxis.

„Unsere Lage ist auf das äußerste gekommen – ich liebe nicht die Extreme, aber will der Fürst sich in einen Abgrund stürzen – so werde ich suchen zu retten", schrieb Fürstin Therese 1808 an Hofrat Ludwig Friedrich Grub. Dieser hatte bereits am 24. Dezember 1805 eine Denkschrift mit dem Titel „Bemerkungen über die itzige Lage des Hauses Thurn und Taxis" verfasst und darin die Situation nicht gerade rosig beschrieben. Grub resümierte: „Nie war vielleicht das (...) Postwesen, die Entstehungs- und Unterhaltungs-Quelle des Fürstlich Thurn und Taxisschen Hauses seinem Untergang näher als in dem gegenwärtigen Augenblicke."

Was war da geschehen?

1806 verloren mit der Auflösung des Alten Kaiserreiches und der Abdankung des Kaisers die meisten kleineren Fürstentümer ihre Reichsunmittelbarkeit, das heißt ihre Souveränität. Das Postwesen der Thurn und Taxis hing aber als Erblehen vom Kaiser ab, den es nun nicht mehr gab. Bereits seit der Französischen Revolution und ihren Folgekriegen hatte sich die wirtschaftliche Lage des fürstlichen Hauses verschlechtert, denn in den Provinzen Brabant und Flandern ging die Post verloren. Schon Ende des Jahres 1797 hatte Therese an ihren Bruder Georg geschrieben: „Was das Haus Taxis bei dem Verlust des linken Rheinufers verliert und was es bei der bevorstehenden Verteilung und Zergliederung verlieren kann, ist unaussprechlich, gewiss über dreiviertel Teile seiner Einkünfte."

Im Frieden von Lunéville 1801 wurden die linksrheinischen Gebiete an Frankreich abgetreten. Jedoch entschädigte der Reichsdeputationshauptschluss von 1803 den Fürsten für die verlorenen Reichsposten in diesen Gebieten mit umfangreichem Besitz in Schwaben. Er bekam die Stadt sowie das gefürstete Damenstift Buchau mit der Herrschaft Straßberg, die Abteien Marchtal und Neresheim, das Amt Ostrach und die Herrschaft Schemmerberg, die Weiler Tiefenhülen, Frankenhofen und Stetten sowie die Klöster Ennetach und Sießen. Mit diesen Erwerbungen ging eine letzte Standeserhöhung für das Haus Thurn und Taxis einher: Der Fürst erhielt zusätzlich den Titel eines Fürsten von Buchau mit einer Stimme im Reichsfürstenrat und die Titel eines Grafen von Marchtal und Neresheim.

Die neuen Besitzungen schlossen die Lücken in den fürstlichen Einkünften nicht gänzlich, aber sie rundeten den fürstlichen Besitz in Oberschwaben ab. Weitere Landankäufe in den Jahren 1805 bis 1835 veränderten allmählich die Wirtschaftsstruktur des Hauses Thurn und Taxis – weg von den Einkünften aus dem Postwesen, hin zum Großgrundbesitz und seinen Erträgen. Durch das Ende des Alten Reiches 1806 wurde diese Tendenz noch beschleunigt.

Am 7. August 1806 berichtete der österreichische Reichstagsgesandte Baron Hügel Fürstin Therese fassungslos: „Durchlauchtigste Fürstin! Ein eigener Courier bringt Ihrer Hochfürstlichen Gnaden, dem keyserlichen Herrn Principal-Commissar die Nachricht, daß Ihro keyserliche Majestät die deutsche Keyserkrone niederzulegen den Entschluß gefaßt haben.“ Am 12. Juli 1806 hatte die Gründung des Rheinbundes zur endgültigen Auflösung des Reichsverbandes, zum Rücktritt des Kaisers und damit auch zum Ende des sogenannten Immerwährenden Reichstages in Regensburg geführt. Fürst Karl Alexander war nun kein kaiserlicher Prinzipalkommissar mehr. Zudem bangte er um die Reichspostverfassung und um seine Einkünfte daraus, die seinen Reichtum begründeten.

Dazu kam noch, dass der neuen Machtkonstellation der Rheinbundstaaten und der Bildung neuer Königreiche von Napoleons Gnaden – wie die Königreiche Westfalen, Bayern und Württemberg – etwa 70 bisher souveräne kleinere Landesherrschaften zum Opfer fielen. Auch Fürst von Thurn und Taxis wurde „mediatisiert“. Das heißt, er verlor die Rechte eines Landesherrn in seinem oberschwäbischen Fürstentum Friedberg-Scheer, welche nunmehr an Württemberg, Bayern und Hohenzollern gingen. Aus dem unabhängigen Reichsfürsten war somit ein Standesherr innerhalb eines Herrschaftsbereiches geworden.

1803 hatte zudem das Ende der reichsstädtischen Zeit für Regensburg gebracht. Seither residierte hier Carl Theodor von Dalberg als Landesherr des neu geschaffenen Fürstentums. Der Mainzer Erzbischof, dessen Kirchenstuhl nach Regensburg transferiert wurde, übernahm zugleich die Leitung des Rheinbundes als Fürstprimas in enger Anlehnung an Napoleon. Dalberg, als neuer Herr, suchte allerdings engen Kontakt zum letzten kaiserlichen Prinzipalkommissar und überzeugte den Fürsten von Thurn und Taxis, seinen Hauptwohnsitz in Regensburg zu behalten. Großzügig verlieh der Fürstprimas dem Fürsten von Thurn und Taxis das Privileg, über seine gesamte Dienerschaft und Hausgenossen die zivile Gerichtsbarkeit auszuüben. 1806 ehrte von Dalberg den verstorbenen Fürsten Carl Anselm posthum mit einem Denkmal. Der aufgestellte Obelisk sollte an den Schöpfer des Alleengürtels erinnern, welcher „zur Zierde der Stadt und zur Gesundheit (...) bzw. zum Nutzen und Vergnügen der hiesigen Inwohnerschaft" seit 1779 angelegt worden war. Zudem förderte Fürst Dalberg den Unterhalt der Allee mit jährlich 2000 Gulden und die Stadt Regensburg erhob einen „Alleegulden" bei jeder Eheschließung. 1810 ging Regensburg an das Königreich Bayern über und Fürst Karl Alexander von Thurn und Taxis wurde damit zum bayerischen Standesherrn.

Aber es kam noch schlimmer: Die einzelnen Staaten des zerfallenen Reiches beanspruchten nun für sich selbst, eine eigene Post zu bestreiten. So auch im Königreich Bayern 1808. Dafür erhielten die Thurn und Taxis 1812 als Entschädigung die Klostergebäude der ehemaligen, 1810 säkularisierten Reichsabtei St. Emmeram, die Herrschaften Donaustauf und Wörth sowie die Einkünfte des Kellereiamtes Meran in Südtirol. Eine große Anzahl von Ländern verstaatlichte die Taxis-Post allerdings ohne Gegenleistung. Andere wiederum gründeten zwar eine Landespost, ließen diese dann aber vom Fürsten von Thurn und Taxis betreiben. So das Großherzogtum Würzburg, die Herrschaftsbereiche des Fürstprimas Dalberg (das waren Regensburg, Aschaffenburg, Frankfurt am Main und Wetzlar), Hessen-Darmstadt, Nassau, die sächsischen Herzogtümer sowie die schwarzenburgischen und reußischen Staaten.

Insgesamt gesehen, hatte schließlich das Haus Thurn und Taxis noch einen recht ansehnlichen Teil der früheren Reichspost inne. Dennoch gab es herbe Verluste und es musste seit 1806 im fürstlichen Haus gespart werden. Daher behielt man das bisherige Erbprinzenpalais im Kloster St. Emmeram als fürstlichen Wohnsitz bei, vertagte Baumaßnahmen, räumte das äußere Palais und übergab es 1808 an Fürst Dalberg. Der Fürst von Thurn und Taxis konnte sich nun räumlich bescheiden, da die Repräsentationspflichten des kaiserlichen Prinzipalkommissars entfielen.

In dieser als prekär empfundenen Lage entschloss sich

Fürstin Therese, persönlich in die Politik einzugreifen, um das Vermögen und die soziale Stellung des fürstlichen Hauses zu retten. Karl Alexander überließ seiner Gemahlin nur allzu bereit das schlüpfrige Parkett der Diplomatie und die aufreibende Kontaktpflege. Sein Geschäftsführer Graf Alexander von Westerholt meinte daher im Januar 1809 über dessen Tatenlosigkeit genervt, der Fürst hinge zu sehr an seiner „gewöhnlichen Lebensweise". Obwohl Karl Alexander fürchtete „ein armer Edelmann" zu werden, wie er am 29. April 1810 an Therese schrieb, hielt ihn nichts von seiner bequemen Häuslichkeit und seinen Jagdvergnügungen ab. So nahm eben die Fürstin die Dinge in die Hand, zumal sie schnell erkannte, dass ihr Gemahl weder den Willen noch die Begabung dazu hatte, die Interessen des Hauses auf internationaler Ebene zu vertreten. Umgekehrt schätzte Karl Alexander die politischen Talente seiner Frau und akzeptierte sie auch auf diesem Gebiet als gleichberechtigte Partnerin, wenn er 1809 äußerte: „Ich verlasse mich völlig auf die Fähigkeiten meiner Unterhändlerin Therese." Auch andere Zeitgenossen, hochrangige Politiker und Herrscher anerkannten Thereses Geschick. Napoleon lobte ihr gutes Aussehen, ihre attraktive Erscheinung und ihren Esprit. Talleyrand nannte sie „eine ausgezeichnete Persönlichkeit" und selbst Zar Alexander suchte und schätze ihre Gegenwart.

So prägte Fürstin Therese die Verhandlungen über die Zukunft des Fürstenhauses in den Jahren 1806 bis 1815 entscheidend. Sie führte Gespräche über die Wiedererlangung der Postrechte 1807, 1809/10 und 1811 in Paris. Dort empfing sie Napoleon in zwei Audienzen. Diese erbrachten zwar nicht den gewünschten umfassenden Erfolg, dennoch erhielt das Haus Thurn und Taxis einige beschlagnahmte Besitzungen in den Niederlanden (heute Belgien) zurück. Begleitet von den galanten Worten Napoleons: „Ich bitte Sie, dies als ein Blumengebinde anzusehen, das ich Ihnen mit großem Vergnügen überreiche."

Auch beim Erfurter Fürstentag 1808 setzte sich Therese für das Haus Thurn und Taxis ein. Dennoch konnten die ehemaligen Reichspostrechte nicht wiedererlangt werden und deshalb lamentierte Fürst Karl Alexander am 29. April 1810 in einem Brief an seine Gemahlin: „Die Zeit der Beschönigungen ist vorüber. Es handelt sich um unsere Existenz. Jetzt muss bestimmt werden, ob unsere Familie wohlhabend bleiben oder ob ich ein armer Edelmann werden solle.“

Nach Napoleons Niederlage und Verbannung auf die Insel Elba hofften viele Mediatisierte auf die Wiedereinsetzung in ihre alten Rechte. Im September 1814 trat der berühmte Regentenkongress in Wien zusammen. Bekanntermaßen war der Wiener Kongress nicht nur ein diplomatischer Marathon, sondern viel mehr noch ein glanzvolles gesellschaftliches Ereignis. Fürst de Ligne schrieb über ihn: „Der Kongress schreitet nicht voran, sondern er tanzt. Es ist ein königliches Wirrwarr.“ Und eine Wiener Zeitung porträtierte die versammelten Monarchen süffisant:

„Er liebt für alle: Alexander (= der russische Zar)
Er denkt für alle: Friedrich Wilhelm (= der preußische König)
Er spricht für alle: Friedrich von Dänemark
Er trinkt für alle: Maximilian von Bayern
Er frißt für alle: Friedrich von Württemberg
Er zahlt für alle: Kaiser Franz (= von Österreich).“

Mitten in diesem „königlichen Wirrwarr“ nahm Fürstin Therese in Wien eine standesgemäße Wohnung; sie mietete das „Kollersche Haus auf dem Graben Nr. 1212“. Dieses war groß genug, um allen gesellschaftlichen Verpflichtungen nachkommen zu können. Therese hatte neben den Sekretären, Dienern, Kammerfrauen und Hofdamen auch Köche aus Regensburg mitgenommen. Denn vor und nach den opulenten Mahlzeiten ergaben sich genug Gelegenheiten für politische Gespräche. In ihrem Salon gingen die Großen Europas ein und aus: Fürst Metternich, Zar Alexander, Minister Talleyrand; selbst der preußische König fühlte sich bei seiner charmanten Schwägerin wie zu Hause. Am 4. November 1814 berichtete der fürstliche Diplomat Vrints-Berberich nach Regensburg, dass die preußische Majestät „noch immer unser hiesiges Haus als das auserwählte zu Ihrer Erholung" betrachte. Der preußische König wähne sich hier im „Zirkel seiner Familie". Alexander Freiherr von Vrints-Berberich war aus Regensburg nachgekommen, genoss das Vertrauen der Fürstin und war ihr eine Stütze auf der diplomatischen Bühne. 185 580 Gulden gab die Fürstin während ihres neunmonatigen Aufenthalts in Wien aus: für Abendroben, Geschenke, Hofstaat, Feste und ihren politischen Salon.

Dennoch lief nicht immer alles reibungslos. Ein ehemaliger Mitarbeiter der Thurn und Taxisschen Postverwaltung namens Grub setzte eine Schmähschrift über Fürstin Therese und das Haus Thurn und Taxis in Umlauf. Vrints-Berberich meinte dazu, dass das Werk recht „giftig" sei. Man vermutete, dass Bayern dahinterstecke. Fürstin Therese sprach deshalb ihren Onkel Max Joseph, den bayerischen König, auf einem Ball darauf an und dieser antwortete in seiner knappen Art: „Weit entfernt davon, gegen dich zu sein (...) Der Wrede hat mir schon alles gesagt, und jetzt halt's Maul." Dann drückte er ihr kräftig die Hand, so berichtete jedenfalls Vrints-Berberich am 28. November 1814 den Vorfall nach Regensburg.

Trotz ihres geschickten Einsatzes in Wien, konnte Therese die Zeit nicht mehr zurückdrehen. Die Deutsche Bundesakte schrieb 1815 die Stellung der mediatisierten Fürsten als nunmehrige Standesherren fest. Damit wollte sich Therese aber nicht zufriedengeben. Im Sommer 1816 versuchte sie die Souveränität des Hauses Thurn und Taxis wiederzuerlangen, nachdem der Landgraf von Hessen-Homburg nachträglich in seine alten Rechte wieder eingesetzt worden war. Therese bat bereits am 18. März 1816 den preußischen König um Hilfe: „Euer Majestät gnädigstem Wohlwollen stelle ich gänzlich anheim, ob unser tief gedrücktes Haus einige Strahlen seines ehemaligen Glanzes Allerhöchst Ihrer Huld verdanken sollen, oder fortfahren muss, in unverdienter Dunkelheit zu schmachten." In den Jahren 1817 und 1818 reiste sie sogar zum Aachener Kongress, um den russischen Zaren und den preußischen König in dieser Sache persönlich zu sprechen, allerdings erfolglos. Immerhin konnte Thereses Vater, der 1815 Großherzog von Mecklenburg-Strelitz geworden war, für seine Tochter erreichen, dass dieser die Anrede „Hoheit" zustand.

Als Standesherr gehörte der Fürst von Thurn und Taxis weiterhin dem hohen Adel an. Ihm blieb vorerst das Obereigentum an Grund und Boden erhalten, ebenso die kirchlichen Patronatsrechte. Erst mit ihrer Befreiung in der ersten Hälfte des 19. Jahrhunderts bekamen die Bauern Eigentumsrechte an Grund und Boden. Für den Verlust dieser Herrschaftsrechte wurden die Grundherren entschädigt. Von allen deutschen Standesherren erhielten die Thurn und Taxis dabei die höchste Ablösungssumme. Aus dem fürstlichen Feudalherrn war damit ein reicher Kapitalist geworden. Des Weiteren garantierte die Bundesakte im Artikel 17 dem Haus Thurn und Taxis die Postrechte in verschiedenen Staaten des Deutschen Bundes. Anderenfalls mussten Entschädigungen gezahlt werden. Mit diesen umfangreichen Geldern kauften die Thurn und Taxis beispielsweise 1822 die böhmische Herrschaft Chotischau bei Pilsen. Preußen entschädigte 1819 mit dem Herzogtum Krotoschin in Posen. Im gleichen Jahr übertrug König Wilhelm I. von Württemberg dem Fürsten von Thurn und Taxis Würde und Amt des Erb- und Landespostmeisters und gestattete, das schwäbische Schloss Trugenhofen in Schloss Taxis umzubenennen.

1818 sicherte das bayerische Adelsedikt die gesellschaftliche Stellung der Standesherren im Königreich. Der Adel wurde in fünf Klassen unterteilt und zwar in Fürsten, Grafen, Freiherren, Ritter und Adelige mit einem „von"-Prädikat. Demnach gehörten die Thurn und Taxis zur höchsten Gesellschaftsklasse in Bayern und waren mit dem Königshaus ebenbürtig. 1852 schließlich wandelte Bayern den gesamten Postentschädigungsbesitz der Thurn und Taxis, der bislang nur als Lehen vergeben worden war, in Privateigentum des fürstlichen Hauses um.

Fürst Karl Alexander wurde also kein „armer Edelmann" und das Haus Thurn und Taxis nicht bedeutungslos. Durch die Postentschädigungen waren die Thurn und Taxis zum größten Grundbesitzer unter den Mediatisierten geworden. Daneben blieben die Posteinnahmen in den zersplitterten mitteldeutschen Ländern. Neben Preußen, Bayern und Württemberg betrieben die Thurn und Taxis immerhin noch das viertgrößte Postgebiet, das 1846 über 5 Millionen Briefe beförderte und 450 Postämter unterhielt.

Therese hatte, unterstützt von den fürstlichen Diplomaten, die Weichen für die Zukunft des Hauses Thurn und Taxis günstig gestellt. So erlaubten die umfangreichen Einkünfte weiterhin eine aufwendige Hofhaltung, die Mitte des 19. Jahrhunderts etwa durchschnittlich 300.000 Gulden verschlang. Nach einem Besuch 1823 am fürstlichen Hof in Regensburg kritisierte Fürst Karl Anton von Hohenzollern, dass man dort „königliche Allüren" pflege. Augenfällig zeigte sich dies in der baulichen Umgestaltung der ehemaligen Reichsabtei St. Emmeram zur fürstlichen Hauptresidenz. Die Baumaßnahmen seit 1816 gingen in erster Linie auf Thereses Initiative zurück und wurden von ihren Nachkommen fortgesetzt.

Seit 1823 kränkelte Fürst Karl Alexander immer häufiger. Die sommerliche Kur im böhmischen Marienbad bewirkte nicht „die gewünschte Hebung seiner Leiden." Im Februar 1824 beging das fürstliche Haus festlich das 25-jährige Regierungsjubiläum des bayerischen Königs Maximilian I. Joseph und lud alle königlichen Beamten zu einem „glänzenden Gastmahl" ein, auch eine große Anzahl Armer wurde gespeist. Im Sommer fuhr man erneut zur Kur, dieses Mal nach Karlsbad, dann folgte eine Reise des fürstlichen Paares über Berlin, Neustrelitz, Stettin und Posen nach Krotoszyn. Fürstin Therese machte dabei einen Abstecher nach Warschau. Zurück ging es über Breslau, Königsgrätz nach Böhmen. Hier besuchte man Prag und die neuen fürstlichen Besitzungen, die eigene Herrschaft Chotischau. Erst im November kehrten Fürst und Fürstin nach Regensburg zurück.

1825 verschlechterte sich Karl Alexanders Gesundheitszustand. Er verbrachte den Sommer auf Schloss Taxis (Trugenhofen) und gebrauchte dort die Bäder der Umgebung. Da traf im September 1825 das fürstliche Paar ein tragischer Schicksalsschlag: Prinz Friedrich Wilhelm besuchte seine Eltern auf Schloss Taxis und nahm an einer Hühner- und Hasenjagd teil. Dabei stürzte er so unglücklich vom Pferd, dass er schließlich seinen schweren Verletzungen in der Nacht zum 8. September erlag. Er wurde fünf Tage später, am 13. September, in Regensburg zu St. Emmeram beigesetzt. Sein Herz brachte man in die ehemalige Klosterkirche Neresheim, wo bereits das Herz seines Großvaters, Fürst Carl Anselm, ruhte.

Im folgenden Jahr erholte sich Karl Alexander nicht mehr von seinen Leiden und im Sommer 1827 ereilte ihn ebenfalls der Tod. Noch am 8. Juli 1827 hatten Fürst und Fürstin auf Schloss Taxis einen heiteren Sonntag verbracht. Nach Thereses Erinnerung fand ihr Gemahl jedoch in der folgenden Nacht erst gegen 3 Uhr morgens etwas Ruhe. Trotzdem stand er am 9. Juli um sechs Uhr auf, trank um 7 Uhr ein Glas Schwalbacher Wasser, fuhr dann mit seinem Arzt und seinem Jäger zum Schlosspark Duttenstein. Dort schoss er einen Hirschen, bekam kurz darauf einen Schwächeanfall, stärkte sich mit etwas Malagawein und befahl den Wagen zur Heimkehr. Beim Einsteigen fühlte der Fürst eine Lähmung des rechten Beines und rief erschrocken aus: „Der Schlag hat mich getroffen, mit mir ist es vorbei; ich bin verloren!" Ahnungslos empfing Fürstin Therese ihren Gemahl auf der Treppe des Schlosses und als sie ihn umarmte, weinte der Fürst, er wollte sprechen, konnte aber kein Wort mehr herausbringen. Erneut traf ihn ein Schlaganfall. Alle ärztliche Kunst war nun vergebens. Man schickte nach den fürstlichen Kindern. Als Erbprinz Maximilian am 10. Juli aus Augsburg herbeieilte, fand er den Vater bereits ganz verändert. Am 11. und 12. Juli trafen zwei weitere Leibärzte und der fürstliche Beichtvater ein; die Letzte Ölung hatte der Sterbende bereits empfangen. Am 13. Juli schien sich sein Zustand plötzlich gebessert zu haben, man wähnte ihn schon gerettet. Da bekam Karl Alexander hohes Fieber und der Tod nahte. Ab 11 Uhr nachts versammelten sich alle betend um das Bett des Fürsten. Thereses sterbender Gemahl hielt ein Kruzifix in den Händen und als es ihm entfiel, legte es die Fürstin auf seine Brust.

Um halb 3 Uhr morgens, am 15. Juli 1827, verschied Karl Alexander von Thurn und Taxis, der letzte kaiserliche Prinzipalkommissar, im Beisein seiner Gemahlin Therese. Am 16. Juli verkündete mittags um 1 Uhr die sogenannte Fürstenglocke von St. Emmeram in Regensburg sein Ableben. Fürst Karl Alexander wurde am 20. Juli 1827 in der Stiftskirche zu Neresheim beigesetzt. Aufrichtig trauerte Therese, nunmehr Fürstinwitwe, um ihren Gemahl, den sie zukünftig nur mehr den „guten Fürsten" nannte.

Nun übernahm Maximilian Karl die Leitung des Hauses und seine Mutter Therese verlor allmählich ihren politischen Einfluss. In den folgenden Jahren reiste sie viel und zog sich schließlich ganz aus Regensburg auf ihren Witwensitz Schloss Taxis zurück. Gemäß den Bestimmungen ihres Ehevertrages standen der fürstlichen Witwe jährlich 18 000 Rheinische Gulden zu, sie durfte sich ein Schloss als Witwensitz frei wählen und erhielt dafür eine standesgemäße Einrichtung, eine „fürstenmäßige Karosse", einen guten Reisewagen sowie zwölf Pferde, dazu ein aufwendiges Pferdegeschirr für Repräsentationszwecke, unentgeltliche Verpflegung sowie Wildbret und Hausbrand für die Beheizung der Schlossgebäude.

Hier auf Schloss Taxis widmete sich Therese jetzt ihren Büchern und ihrer Kunstsammlung. Dabei zeigte sie nicht nur Zielstrebigkeit, sondern auch einen außerordentlichen Bildungshunger. Bereits als junge Erbprinzessin war sie äußerst wissbegierig gewesen und meinte: „Meine Kenntnisse sind sehr wenige, desto eifriger mein Wunsch, welche zu erlangen." Therese las nicht nur liebend gerne, sondern baute sogar eine eigene Privatbibliothek auf, die von einem Bibliothekar betreut wurde. Im klassizistischen Gartenschlösschen „Theresiens Ruh", 1804 von Graf Kaspar von Sternberg auf den ehemaligen städtischen Befestigungsanlagen Regensburgs vor dem Peterstor erbaut und 1813 von Fürst Karl Alexander für seine Gemahlin erworben, wurde die Privatbibliothek

Thereses untergebracht. Sie umfasste 1800 Titel, darunter Geschichtsbücher, Memoiren, Reiseberichte, philosophische und kulturhistorische Schriften, Klassikerausgaben sowie Werke von englischen, französischen, italienischen und deutschen Schriftstellern und Dichtern.

Therese machte ihre katalogisierte Büchersammlung auch dem interessierten Lesepublikum zugänglich. Bereits 1827 konnte der betreuende Bibliothekar August Krämer berichten, dass „sich die Leser durch das Entgegenkommen der Fürstin bei deren Privatbibliothek so zugedrängt und angehäuft (haben), wie die f(ürstliche) Hofbibliothek sie in ihren glänzendsten Zeiten nicht besessen hat." Man musste deshalb sogar eine Bibliotheksordnung erlassen. Zur alleinigen Benutzung behielt sich Therese eine kleine Handbibliothek von etwa 410 Bänden in ihren Privatgemächern vor.

Fürstin Therese pflegte auch viele Kontakte zu Dichtern und Schriftstellern. Sie unterhielt eine ausgedehnte Korrespondenz nicht nur mit ihren Geschwistern. „Der Morgen gehört mir, ich musiziere, lese und schreibe", meinte die Fürstin einmal zu ihrem Tagesablauf. Sie begeisterte sich für Goethe und Schiller, las Werke von Vergil, Horaz, Shakespeare und Voltaire, kannte Jean Paul und Friedrich Gottlieb Klopstock, der ihr eine Ode widmete. Zu ihren Briefpartnern gehörten neben August Kotzebue, Lavater und Friedrich Rückert auch der Diplomat und Naturforscher Graf François Gabriel Bray. Viele Dichter der Zeit erwiesen der schöngeistigen Fürstin mit Widmungen ihre Verehrung. Mit gleichem Elan setzte sich Therese für die Wissenschaften ein und erwirkte, dass Fürst Karl Alexander die Herausgabe der „Monumenta Germaniae Historica", der großartigen deutschen Quellensammlung, mit jährlich 100 Dukaten unterstützte.

1826 besuchte der böhmische Pädagoge und Prämonstratenser Josef Vojtech, welcher Mathematik und Naturwissenschaften in Pilsen lehrte, Regensburg und wurde am fürstlichen Hof freundlich empfangen. Therese begeisterte sich dabei besonders für die tschechische Sprache und nahm sich vor, diese zu erlernen. Sogleich wurde damit begonnen, wie der Pädagoge später berichtete. Während eines Aufenthaltes der Fürstin in der Thurn und Taxisschen Herrschaft Chotischau im Herbst 1826 setzte Therese ihre Sprachübungen dann ernsthaft fort, wofür sie poetisch von der Bevölkerung bedankt wurde: „Die Lieb', womit du unsere Sprache pflegest, / der Fleiß, womit wir dich sie lernen sehn (...) / Wird in des Volks Annalen flammend stehn."

Therese war vielseitig interessiert und musisch begabt. Sie spielte ausgezeichnet Harfe und besaß einen unabhängigen Geist, der für Neues aufgeschlossen war. Ihr Gemahl Karl Alexander war seit 1790 Mitglied der Regensburger Freimaurerloge, die sich ihrem Großmeister zu Ehren in „Carl von den drei Schlüsseln" umbenannte. Gerne besuchte auch Therese die freimaurerischen Geselligkeiten. So veranstalteten an ihrem Geburtstag die Freimaurer in den Räumen des „Goldenen Kreuzes" eine festliche Tafelloge mit Musik, dabei wurden eigens verfasste Gedichte und Lieder vorgetragen.

In den letzten Wochen des Jahres 1838 fühlte sich Therese krank und schwach. Am 13. Februar 1839 erschien die offizielle Todesanzeige. Das fürstliche Haus machte bekannt: „Ihre Hoheit, die durchlauchtigste Fürstin und Frau, Frau Therese Mathilde Amalie, verwitwete Fürstin von Thurn und Taxis, geborene Herzogin von Mecklenburg-Strelitz" ist „am 12. Februar l(aufenden) J(ahres), um 1¼ Uhr Mittags, auf dem Witwensitze Schloss Taxis, nach längerem Leiden an Entkräftung im 66sten Lebensjahre verschieden."

Am Donnerstag, den 21. Februar, hielt Pfarrer Wilhelm Hoffmann um 10 Uhr vormittags in der Regensburger evangelischen Dreieinigkeitskirche die Gedächtnisrede während des feierlichen Trauergottesdienstes. Hier in der Dreieinigkeitskirche hatte sich die protestantische Fürstin einst ein Privatoratorium auf der Empore unterhalb der Orgel bauen lassen, damit sie dem Gottesdienst ungestörter beiwohnen konnte. Kirchenrat Lang zelebrierte bis zu seinem Tod 1806 jeden Sonntag für Therese um elf Uhr einen speziell für sie angesetzten Gottesdienst. Zudem predigte Lang in den Privatgemächern Thereses, worüber sich 1791 Pater Emmerich als Propst des Kloster St. Emmeram beschwerte. Er ließ verlauten, dass Abt Forster es niemals gestatten könne, dass in den Gebäuden der Klosteranlage evangelisch gepredigt werde. Der Streit endete mit der Einrichtung einer Hauskapelle für die evangelische Fürstin und ihre Dienerschaft. Dennoch besuchte Therese weiterhin die Gottesdienste in der Dreieinigkeitskirche. Nun war die standfeste Protestantin tot. Der Trauerredner pries sie als „eine fromme Christin, die Ehre unserer Gemeinde". Des Weiteren beschwor er vor den andächtig Lauschenden den „hohen Adel ihrer Seele", ihre „glänzenden Verbindungen mit den meisten gekrönten Häuptern Europas", „ihre zärtliche Mutterliebe", „ihren Einfluss zum Wirken des Guten", aber auch die „ausgezeichneten Vorzüge ihres Geistes" und das „liebliche Bild hoher Weiblichkeit". Abschließend meinte der Pfarrer, dass das Leben der Therese von Thurn und Taxis „reich an Freuden und glücklichen, seligen Stunden" gewesen sei.

Die Fürstin von Thurn und Taxis wurde in Neresheim neben ihrem Gemahl Karl Alexander beigesetzt. Seine letzte Ruhestätte fand das fürstliche Paar aber erst endgültig 1843 zu Regensburg in der neu erbauten Gruft in der ehemaligen Reichsabtei St. Emmeram. Die große Christusfigur aus Carraramarmor, die Therese in Auftrag gegeben hatte, steht noch heute in der fürstlichen Grabkapelle.

Die Verstorbene hinterließ eine Schuldensumme von 200 000 Gulden, die ihr Sohn Fürst Maximilian Karl übernahm, ebenso erfüllte er die Wünsche seiner Mutter hinsichtlich der Zahlung von Pensionen, Unterstützungen und Alimentationen. An Thereses Tochter, die Herzogin Sophie von Württemberg, gingen einige Einrichtungsgegenstände, wie Porzellanvasen, vergoldetes Schreibzeug, Armleuchter und eine Bronzeuhr. Selbst König Ludwig I. von Bayern, ihrem Cousin und Gemahl ihres Patenkindes, vermachte Therese ein Erinnerungsstück: „S. M. den König von Bayern bitte ich, die blaue Vase mit dem Porträt unserer Tante von Hessen zum Andenken des schönen Tages in Auerbach und zum

Andenken seiner treu ergebenen Cousine anzunehmen." Artig bedankte sich Ludwig für dieses Erbstück bei Fürst Maximilian Karl.

Therese von Thurn und Taxis war ausgestattet mit einem starken Willen und viel Verstand; so wurde sie, wie der Kenner der Geschichte des Hauses Thurn und Taxis Max Piendl urteilte, zu „einer der markantesten Frauengestalten ihrer Zeit."

Das „theuerste Glück“

Wilhelmine
Freiin von Dörnberg
(1804–1835)

Gemahlin des Fürsten
Maximilian Karl von Thurn und Taxis
(1802–1871)

Stammtafel Wilhelmine von Dörnberg

Pandolphus Ferdinand Wolfgang Frh. v. Dörnberg zu Herzberg (1724–1793) ⚭ Karoline Dorothea v. Löwenstein (1728–1788)

Friedrich Maximilian Frh. v. Glauburg (1748–1795) ⚭ Wilhelmine Auguste Freiin von Geismar

Karl Alexander Fürst v. Thurn u. Taxis (1770–1827) ⚭ 1789 Therese Mathilde Hzgn. v. Mecklenburg-Strelitz (1773–1839)

Konrad Heinrich Ernst Frh. v. Dörnberg (1769–1828) ⚭ Sophie Ernestine Wilhelmine Freiin v. Glauburg (1775–1835)

sechs weiter[e] Kinder

Sophie (1795–1858) ⚭ Friedrich v. Pückler

Friedrich Karl (1796–1830) ⚭ Ernestine v. Pfeffel

Ernst Friedrich (1801–1878) ⚭ Marie v. Gumpenberg (1805–1856)

August (1802–1857)

Julius (1805–1886)

Karl Friedrich (1809–1869) ⚭ Cäcilie Freiin v. Leykam

Maximilian (1811–1869)

Wilhelmine Caroline Christiane Henriette (Mimi) (1804–1835)
(1) ⚭ 1828 Maximilian Karl v. Thurn u. Taxis (1802–1871)
⚭ (2) 1839 Mathilde Sophie zu Oettingen-Oettingen u. Oettingen-Spielberg (1816–1886)

(1)

Karl Wilhelm (*† 1829)

Therese Mathilde Amalie (1830–1883) ⚭ (1) Alfred III. Hzg. v. Beaufort-Spontin ⚭ (2) Wilhelm v. Pirch zu Wobensin

Erbprinz Maximilian Anton (1831–1867) ⚭ Helene Carolina Therese Hzgn. in Bayern (1834–1890)

Egon Maximilian (1832–1892) ⚭ Victoria Lázár de Ecska, geb. Edelspacher de Gyorok

Theodor Georg (1834–1876) ⚭ Melanie Freiin v. Seckendorff

11 Kinder aus der zweiten Ehe Maximilians

Maximilian Maria (1862–1885) Fürst v. Thur[n] u. Taxis ab 1871

Albert Maria Joseph Maximilian Lamoral (1867–1952) Fürst v. Thur[n] u. Taxis ab 1885 ⚭ Margarethe Klementi[ne] Erzhzgn. v. Österreich (1870–1955)

zwei Töchter

Maximilian Frh. v. Dörnberg (1833–1860)

Ernst Gf. v. Dörnberg (1836–1897)

Romantik im Fürstenhaus

Das Alte Kaiserreich war dahin, die gesellschaftliche Ordnung hatte sich verändert und mit ihr auch das individuelle Verhalten. Bürgerliche Wert- und Moralvorstellungen wurden allmählich zur Norm. Im Freundschaftskult der Spätromantik galten Gefühle mehr als Konventionen und Traditionen. Unter diesen neu aufgekommenen Anschauungen der jungen Generation des frühen 19. Jahrhunderts kann nun auch die wohl erste große Liebesheirat im Hause Thurn und Taxis betrachtet werden. Noch bei den Eltern des zukünftigen Brautpaares war die Ehe doch eher eine Formsache, ein Zweckbündnis, eine Übereinkunft sowie ein Weg zum gesellschaftlichen Aufstieg. Nun heiratete der junge Fürst Maximilian Karl von Thurn und Taxis seine angebetete Wilhelmine aus Liebe.

Wilhelmine (Mimi) von Dörnberg entstammte einer alteingesessenen protestantischen Adelsfamilie aus dem hessischen Hausen beziehungsweise der Burg Herzberg in der Nähe von Kassel. Kaiser Leopold I. hatte 1663 Mimis Urgroßvater Johann Caspar von Dörnberg, den Geheimen Rat und Kammerpräsidenten, ob seiner Verdienste zum Reichsfreiherren erhoben. 1720 war er Gesandter des Landgrafen von Hessen-Kassel auf dem Immerwährenden Reichstag zu Regensburg. Die Linie Herzberg der Dörnbergschen Familie begründete Mimis Großvater. Er brachte es in königlich-preußischen Diensten bis zum Justizminister und Präsidenten des Kammergerichts, zuständig auch für Kirchen- und Schulangelegenheiten. Pandolphus Ferdinand heiratete Karoline Dorothea von Löwenstein, die ihm fünfzehn Kinder gebar; als Letztes erblickte am 24. August 1769 Konrad Heinrich von Dörnberg – Mimis Vater – in Breitenbach das Licht der Welt.

Konrad Heinrich verbrachte seine Jugend mit den Eltern in Berlin, studierte Jurisprudenz und kam 1795 ins preußisch-brandenburgische Ansbach zu einer ersten Anstellung. 1806 stieg er im damals ebenfalls preußischen Bayreuth zum Präsidenten der Kriegs- und Domänenkammer auf. 1810 kaufte das Königreich Bayern Bayreuth und Wilhelmines Vater setzte jetzt seine Laufbahn in bayerischen Diensten fort. Am 11. Oktober 1811 wurde er zum Generalkommissär des Rezatkreises ins nunmehr bayerische Ansbach berufen. Am 19. März 1817 schien es dem bayerischen König ratsam, Mimis Vater zum außerordentlichen Staatsrat zu ernennen und nach Regensburg zu versetzen. Hier erhielt er als Präsident der Regierung des Regenkreises ein Jahresgehalt von 10 000 Gulden und bezog das sogenannte Präsidialpalais am heutigen Bismarckplatz als Dienstwohngebäude. Für die Familie erwarb er aber im August 1817 das Schlossgut Haus, südöstlich von Regensburg gelegen. Konrad Heinrich von Dörnberg führte elf Jahre lang die Regierung des Regenkreises und erlebte noch die Vermählung seiner Tochter Wilhelmine, ehe er am 25. November 1828 an einem angeborenen Herzfehler starb.

Wilhelmine von Dörnberg war am 6. März 1804 in Ansbach zur Welt gekommen. Sie wuchs im Kreise ihrer sieben Geschwister, sorgfältig und liebevoll erzogen, zu einer anerkannten Schönheit heran. „Die Natur hatte ihr eine anmutige, herrliche Gestalt verliehen und ein seelenvolles blaues Auge belebte ihre lieblichen Züge, welche den Ausdruck kindlicher Lebensfreudigkeit und wahrer Seelengüte trugen", rühmte Julie von Zerzog die spätere Fürstin von Thurn und Taxis. Ihr attraktives Aussehen wird uns in einem Gemälde überliefert, das auf Wunsch Wilhelmines 1830/31 als Namenstagsgeschenk für ihren fürstlichen Gemahl angefertigt wurde und noch heute im Schloss St. Emmeram zu bewundern ist.

Auch Joseph Ernst von Bandels Erinnerungen beschreiben uns die jugendliche Wilhelmine recht anschaulich. Der nachmalige Schöpfer des Hermann-Denkmals im Teutoburger Wald und Freund der Dörnbergischen Familie hielt sich einige Tage auf Schloss Haus auf. Dort zeichnete er „die Frau Baronin und ihre schöne Tochter Mimi". Wilhelmine, genannt Mimi, überliefert der Künstler, „war eine kräftige, schlanke, graziöse, echt deutsche Jungfrauengestalt mit reinstem, schönem, plastisch geformten Gesicht und Kopf, den reiches, rotblondes Haar in reichster Fülle schmückte. Übermütig schaute der frische Geist aus den glänzenden, großen blauen Augen, und der rosige Mund mit etwas aufgeworfenen Lippen spottete der Sorge um sie, wenn sie allein ihren Rappen bestieg, um wie eine Walküre über die Fluren bergauf und -ab zu stürmen. Es war ein schönes Bild, die blonde Reiterin mit fliegenden Haaren auf dem schwarzen Renner."

In Regensburg verkehrten die Dörnbergs in den höchsten Kreisen. So verwundert es nicht, dass der junge Maximilian Karl von Thurn und Taxis sich mit Wilhelmines Brüdern befreundete. Besonders Ernst von Dörnberg blieb er lebenslang verbunden. Auch Wilhelmine erregte in Regensburg Aufsehen. „Ihre reine Güte des Herzens, ihr heller Menschenverstand, ihre Liebenswürdigkeit und Anspruchslosigkeit" gewannen, wie Julie von Zerzog es formulierte, „die Achtung und Liebe aller Guten." Wilhelmine besaß zudem eine „liebliche, sanfte Stimme und viel musikalische Anlage, welche sie gern und freudig ausbildete", weiß sie weiterhin zu berichten. Daneben verfügte die junge Mimi über eine Heiterkeit, ja einen ausgesprochen burschikosen Humor, wenn sie in einem Brief an ihren Bruder Ernst vom 24. April 1820 schreibt: „Vorgestern war die gewöhnliche Gesellschaft bei uns, es wurden aber meistens kleine Spiele gespielt, bis auf einen Cotillon, in dem ich einen Herrn machen, und mit der Caroline Westerholt tanzen musste; sie tanzt wie ein Schwein, und ist dann wie eine Gans, denn ich konnte trotz aller Mühe, die ich mir gab, kein Wort aus ihr heraus bringen."

Erbprinz Maximilian Karl von Thurn und Taxis war von der Schwester seines Freundes gefesselt, von ihrer Schönheit, ihrer Natürlichkeit, ihrer Anmut, ihrer Fröhlichkeit und ihrem wachen Verstand. Bald wurden Wilhelmine und Maximilian ein Liebespaar und versprachen sich die Ehe. Mit den nun folgenden Widerständen hatten die beiden jedoch nicht gerechnet.

Wohl war die Auserwählte des Prinzen ein schönes Freifräulein, aber leider nicht ebenbürtig und damit auch nicht standesgemäß. Denn das fürstliche Hausgesetz, von Maximilians Großvater 1775 erlassen, verlangte für den Erbprinzen eine Braut aus reichsfürstlichem Haus. Somit waren die Eltern des Erbprinzen, Fürstin Therese und Fürst Karl Alexander, gegen diesen Heiratsplan. Am 12. November 1826 schrieb daher Maximilian aus Augsburg, wo er in militärischen Diensten stand, an seine nicht anerkannte Verlobte tröstend: „Kannst du, geliebte Mimi, so gib die Hoffnung nicht auf; alles ist ja nicht verloren; da wir uns treu lieben; und treue Liebe hat (die) Kraft niederzumachen die Hindernisse, seien (sie) noch so groß. (...) Dir bleibe ich treu, Mimi, treu bis in den Tod; von dir bin ich dasselbe ja so fest überzeugt wie von mir selbst. Gott verläßt die nicht, die auf ihn bauen."

Der Erbprinz von Thurn und Taxis ließ auch nicht von seiner Auserwählten ab, als selbst König Ludwig I. von Bayern, dessen Gemahlin Therese eine Cousine Maximilians war, diese Verbindung ablehnte. Am 17. Januar 1827 schrieb er aus Augsburg: „Ist auch des Königs Ausspruch gegen uns, so wird unsere Liebe doch nicht wanken; ich schwöre es dir, ich bleibe dir treu und sollte es mein Leben kosten."

Desgleichen sprachen sich andere Familienmitglieder gegen diese Heirat aus. Beispielsweise Maximilians Tante Friederike, die spätere Königin von Hannover, welche Maximilians Gehorsam und die Beachtung des vierten Gebotes „Du sollst Vater und Mutter ehren" einforderte: „Armer Max! Ich beklage dich von Herzen, denn je höher das Ideal ist, was in deinem Herzen so viel Raum einnimmt und je mehr sie (Wilhelmine) deine Liebe verdienen mag, je schwerer und größer ist das Opfer, welches Gott von dir verlangt (...) O theuerer Max! Komme zu dir und bringe das Opfer auf dem Altare Gottes."

Aber Max und Mimi hielten unverrückbar aneinander fest und schmiedeten sogar Fluchtpläne. Da änderte sich ihre Situation plötzlich: Am 15. Juli 1827 starb Fürst Karl Alexander von Thurn und Taxis und Maximilian folgte seinem Vater im Fürstenrang wie in der Leitung des Hauses nach.

Trotzdem musste der junge Fürst auf Wunsch seiner Mutter und seines königlichen Vetters in München eine Italienreise antreten, angeblich um Abstand zu gewinnen und auf andere Heiratsgedanken zu kommen. Ludwig I. drückte es in seinem Brief an Maximilian vom 3. Januar 1828 mit diesen Worten aus: „Möge diese Reise das von Ihrer guten, Sie so zärtlich liebenden Mutter und von Ihren sämtlichen Verwandten sehnlichst erwünschte Ergebnis haben!"

In dieser Zeit bat Wilhelmine die Fürstinmutter Therese, doch endlich der Eheschließung zuzustimmen; sie schrieb: „Durchlauchtigste Fürstin, / Gnädigste Fürstin und Frau! / Wenngleich die bereits im vorigen Jahre erbetene Erlaubnis mich schriftlich Ihre Königlichen Hoheit Gnade unterthänigst (versichern) zu dürfen, mir damals leider nicht zu Theil ward, so verpflichten der Drang meines Herzens und das Schicklichkeits-Gefühl mich dennoch, dieses nunmehr nicht länger zu unterlassen. Ihro Königliche Hoheit wage ich daher zu bitten: Höchst Ihro, mir über Alles schätzbares gnädiges Wohlwollen mir huldvollst angedeihen zu lassen und zum Beweise seiner zu meiner ehelichen Verbindung mit Ihro Königlichen Hoheit Herrn Sohn Höchst Ihre Zustimmung gnädigst zu ertheilen und uns durch Ihren mütterlichen Segen zu beglücken. / Indem ich gelobe: dass es stets mein höchstes Betreben seyn wird durch die gewissenhafteste Erfüllung, aller als Tochter und Gattin, mir obliegenden Pflichten auf Ihro Königliche Hoheit Gnade und Zufriedenheit gerechte Ansprüche zu erwerben, und in der beruhigenden Hoffnung bey diesen, mit den innigsten Wünschen für Höchst Ihro beständiges Wohlergehen und mit den reinsten Absichten verbundenen Gesinnungen keine Fehlbitte gethan zu haben, ersterbe ich ehrfurchtsvoll / Ihro Königliche Hoheit / unterthänigst gehorsamste / Wilhelmine von Dörnberg."

Schließlich heirateten Wilhelmine und Maximilian gegen alle Widerstände am 24. August 1828. In der Kirche von St. Emmeram fand die katholische Trauzeremonie und die protestantische Einsegnung in einem Appartement des fürstlichen Schlosses statt.

Die schöne Braut brachte ein Heiratsgut von 20 000 Gulden mit, über welches sie allein verfügen durfte. Dazu erhielt Wilhelmine noch eine Morgengabe von 5000 Gulden sowie ein kostbares Schmuckstück als Geschenk. Als Hand- und Kleidergeld legte der Ehevertrag 18 000 Gulden jährlich fest, von der fürstlichen Kasse wurden zudem die Ausgaben für eine standesgemäße Einrichtung bzw. Dienerschaft übernommen. Außerdem war schriftlich vereinbart worden, dass die Nachkommen aus dieser Mischehe katholisch erzogen werden mussten.

Fünf Kinder gingen aus dieser glücklichen Verbindung hervor: Therese Mathilde (1830–1883), Erbprinz Maximilian Anton (1831–1867), Egon Maximilian (1832–1892) und Theodor Georg (1834–1876). Der erstgeborene Karl Wilhelm starb bald nachdem er das Licht der Welt 1829 erblickt hatte.

Das fürstliche Paar, obwohl persönlich eher biedermeierlich bescheiden, unterhielt auf Anraten seines Verwaltungschefs Ernst von Dörnberg einen aufwendigen Hof. Der Chronist Hosang berichtet: „Beim Fürsten Maximilian Karl von Thurn und Taxis wurden sehr glänzende Gesellschaften gegeben. Unter anderem stellte man 1830 ein Wachsfigurenkabinett mit bekannten Personen dar. Der Fürst, die Fürstin und andere Herrschaften figurierten in prächtigen Kostümen als Monarchen, Gelehrte und große Künstler." Offenbar war aber die bürgerliche Gesellschaft Regensburgs nicht immer über die Eskapaden der Hofgesellschaft erfreut; man machte sich sogar manchmal darüber lustig. So stellte bei diesem „Wachsfigurenkabinett" ein Geistlicher ein „Wunderkind" dar, worüber die Zeitung „Der Volksfreund" bewusst zweideutig schrieb: „Bei dem fürstlich Thurn und Taxisschen Wachsfigurenkabinett hat ein Regensburger pensionierter Domherr (Baron von Gumppenberg) ein Wunderkind gemacht."

1829 beschloss Fürst Maximilian, einen neuen fürstlichen Marstall errichten zu lassen, der 1832 mit einem „Karussel" in der Reithalle eingeweiht wurde. „Dieser Neubau beschäftigte 1830 eine Menge Menschen als Handlanger, die sich anderweitig kein Geld zu verdienen wussten", lobte eine damalige Zeitung das fürstliche Projekt. Das Reiten und die Pferde waren Maximilians Leidenschaft. Er „pflegte täglich mehrere Pferde in seiner Reitschule müde zu reiten, dann ging er hinauf und küsste sein liebes Weib", seine große Liebe, wie ein Zeitgenosse berichtete. Auch ein Durchreisender schilderte Maximilian als großen Pferdekenner: „Sein Hauptvergnügen besteht in der Jagd und im Reiten; auf beides verwendet er jährlich bedeutende Summen. Man denke sich eine ausgedehnte Wildbahn und Parke, sein aus Böhmen und Deutschen ja sogar Polen bestehendes Dienstpersonal zu diesem Zwecke, man sehe seine Marställe, die Remisen mit den herrlichen Wagen, die Sattelkammer und prachtvolle Reitschule in seiner Residenzstadt. In den Ställen sind alle Reffe (= Traggestelle) zierliche Körbe von Eisenspangen, die Barre von Marmor, die Stände eben ausgeblockt, bis zu dem einfachsten Wassereimer herab sind alle Gerätschaften so blank und reinlich, als sollte täglich damit Parade gehalten werden. Und erst die Pferde! Holsteiner, Mecklenburger, Engländer, Spanier, Türken, Araber, man findet sie von allen Rassen, und in königlichen Marställen schöner nicht."

Fürst Maximilian Karl ließ nicht nur die Reithalle und den neuen Marstall architektonisch anspruchsvoll gestalten, auch künstlerisch zeigte er sich engagiert. Bereits seine Mutter Therese hatte Kupferstiche, Lithografien und Holzschnitte gesammelt, und Sohn Maximilian legte nun eine Gemäldesammlung an. Bislang hatte sich das Haus Thurn und Taxis mit dem Erwerb von Gemälden eher zurückgehalten, seit 1830 aber trug Fürst Maximilian Karl für seine Gemäldegalerie über 150 Werke zeitgenössischer Maler zusammen. Diese

Sammlung machte der Fürst dem interessierten bürgerlichen Publikum, vor allem den Künstlern zu Studienzwecken, zugänglich. Auch die Bautätigkeit nahm Fürst Maximilian wieder auf und ließ ein Jahr vor der Eröffnung der Walhalla (1842), zu deren Errichtung er den Bauplatz gestiftet hatte, sein Schloss in Donaustauf zeitgemäß umbauen.

Mit seiner geliebten Gemahlin Mimi waren dem Fürsten nur sieben Ehejahre vergönnt. Nach der Entbindung ihres Sohnes Theodor Georg im Februar 1834 erkrankte die Fürstin schwer. Trotz einiger Kuren und Heilbehandlungen schwanden Wilhelmines Kräfte zusehends. Daher suchte sie begleitet von ihrer Mutter in einer homöopathischen Behandlung des Dr. Reuter zu Nürnberg Heilung. Dort starb Sophie von Dörnberg plötzlich am 7. Mai 1835 an einem Schlaganfall und Fürstin Wilhelmine folgte ihrer Mutter nur eine Woche später am 14. Mai ins Jenseits nach. Sie verschied an den Folgen eines Hirnschlags in den Armen ihres anwesenden Gemahls.

In der Einsegnungsrede vom 17. Mai hieß es dazu: „Wir begleiteten Sie in Gedanken vor wenigen Monaten, als Sie unsere Stadt verließ, um von einer lange andauernden Krankheit völlig zu genesen, mit theilnehmenden Wünschen für die baldige Wiederherstellung Ihrer Gesundheit an den Ort Ihrer Hoffnungen. Wir gaben uns der tröstlichen Erwartung hin, dass Sie, ausgerüstet mit neuer Lebenskraft, bald wieder unter uns erscheinen, und in unserer Mitte ferner noch durch das schöne Beispiel eines musterhaften Lebens und wohlthätigen Wirkens leuchten werde. Aber, ach, unsere aufrichtigen Wünsche sind unerfüllt geblieben!"

Der Leichnam der Fürstin wurde obduziert und – wie üblich – unter Entnahme der Eingeweide und des Herzens einbalsamiert. Danach überführte man die Verstorbene nach Regensburg und bahrte sie im ehemaligen Kapitelsaal von St. Emmeram, dem fürstlichen Schloss, auf.

Die Regensburger Öffentlichkeit war mit einer Todesanzeige am 15. Mai informiert worden: „Seine des Herrn Fürsten Maximilian Karl (...) Durchlaucht lassen andurch die höchstschmerzliche Nachricht ertheilen, daß Höchstihre

Fürstliche Frau Gemahlin, die Durchlauchtigste Fürstin und Frau, Frau Wilhelmine Karoline Christiane Henriette, Fürstin von Thurn und Taxis, geborne Freyin von Dörnberg, gestern, Donnerstag den 14ten dieses Monats, zu Nürnberg, nach längeren Leiden durch einen schnellen Tod in einem Alter von 31 Jahren aus diesem Leben abberufen worden ist. / Die irdische Hülle der Höchstseligen wird, nur von den Angehörigen und Dienern des Fürstlichen Hauses umgeben, in der Fürstlichen Familiengruft dahier beygesetzt werden."

Über diese Beisetzung in der Wolfgangskrypta gerieten sich nun die beiden christlichen Konfessionen in die Haare. Denn die Protestantin sollte in einer katholischen Kirchengruft zur letzten Ruhe gelegt werden. Schließlich einigte man sich auf folgendes Vorgehen: „Nach geendigter Einsegnungsrede (durch den evangelischen Pfarrer) wurde der Sarg von der fürstlichen Dienerschaft durch die mit dem Schlosse genau verbundene Pfarrkirche von St. Emmeram – und zwar unter Vermittlung des K(atholischen) Dechants und Pfarrers, Herrn Weinzierl, und mit Einwilligung des hochwürdigsten Bischofs von Regensburg, Herrn Dr. Schwäbl, getragen, in der daselbst befindlichen Fürstlich Thurn und Taxisschen Familiengruft beigesetzt, und, in Gegenwart der sämmtlichen protestantischen Pfarrgeistlichkeit, der gewöhnliche Segenswunsch der protestantischen Kirche feierlich gesprochen." Auf Wunsch des Fürsten fand der Seelengottesdienst für die Verstorbene in der evangelischen Dreieinigkeitskirche zu Regensburg am 21. Mai statt. Ohne großes Gepränge, in einem fast intimen Rahmen war das „theuerste Glück" des Fürsten zu Grabe getragen worden.

Dennoch fand Wilhelmines Tod einigen Nachklang. Dichter priesen die tote Fürstin in gereimten Versen. Ein anonymer Verfasser besang wortreich ihre Tugenden:

„Ihres Stammes Stolz und Zierde,
Strahlend in der höchsten Würde,
Leuchtend in der Schönheit Glanz,
Schmück(t)e Sie durch reinen Wandel

Herrlich noch der Fürstenmantel
Mit des Menschenwerthes Kranz.

Geistreich, gütig und bescheiden,
Hülfbereit bei fremden Leiden,
Freundin ihren Freunden treu,
War sie ihres Gatten Krone,
Mutter auf dem Fürstenthrone,
Und ihr Herz von Fehlern frei."

Monatelange Trauer und Verzweiflung um den Verlust seiner heißgeliebten Mimi brachten Maximilian Karl an den Rand des seelischen und körperlichen Zusammenbruchs. Um das Andenken an Wilhelmine wachzuhalten, beschloss der Witwer, das Herz der toten Geliebten gesondert beisetzen zu lassen. Noch an die zehn Jahre dauerte die Verwirklichung dieses Vorhabens. Da die bisher als Begräbnisstätte genutzte Wolfgangskrypta in der Emmeramskirche zu eng wurde, musste Fürst Maximilian Karl in der Zwischenzeit eine neue fürstliche Grablege errichten lassen.

1836 begann man mit dem Bau des neogotischen Mausoleums im Kreuzgarten des ehemaligen Klosters St. Emmeram. Hierher bettete man schließlich 1843 die verblichenen Eltern, die früh verstorbenen Geschwister und die tote Gemahlin des Fürsten um. In dieser neuen Gruftkapelle wurde auch das Herz der Fürstin beigesetzt: Ein fester Bronzekasten umfängt die Urne mit dem Herzen sowie eine Marmorbüste der schlummernden Wilhelmine. Immerwährende Trauer drückt die beigefügte Inschrift aus: „Hier ruht mein Glück, hier schläft ihr Herz, hier klagt die Liebe ew'gen Schmerz."

Nach dem Verlust seiner geliebten Mimi war Maximilian Karl untröstlich, er weinte viel und verbrachte täglich einige Stunden in den Räumen seiner verschiedenen Gemahlin, wo alles so belassen worden war, wie sie es angeordnet hatte. „Der unglückliche Mann, es wurde ihm so schwer gemacht, bis er sein durch die Neigung wahrer Liebe bestimmtes goldlockiges Weib heiraten konnte, und darauf lebte er so kurze Zeit mit ihr. Der Fürst sagt selbst, dass er nie wieder ganz froh werden würde", meinte 1837 über den fürstlichen Witwer das „Vaterländische Magazin".

Im Gedenken an seine Mimi wünschte Fürst Maximilian mit Nachdruck, dass sein Freund und Schwager mit dem Großkreuz des Verdienstordens vom Heiligen Michael ausgezeichnet werde. Schließlich verlieh 1838 der bayerische König Ernst Friedrich von Dörnberg den hohen Orden, nachdem er vom Regensburger Regierungspräsidenten Schenk eingehend über die Beweggründe dieses fürstlichen Wunsches informiert worden war: „Es handelt sich hier nicht um den Ehrgeiz oder die Eitelkeit des Freiherrn v. Dörnberg; die Sache liegt tiefer, sie wurzelt in dem Herzen des Fürsten, der bei aller scheinbaren Trockenheit, eine höchst liebende, fast schwärmerische Natur ist. Sein Gemüt ist noch versenkt in das Andenken der schwer errungenen, heiß geliebten Gefährtin seiner Jugend, seiner ihm so bald entrissenen Gemahlin. In diesem Sinne betrachtet er eine dem Bruder derselben huldvollest bewilligten Auszeichnung nicht bloß einen Beweis allerhöchster Gnade für seine Person, sondern auch als wohltuendes Zeichen der Aussöhnung Euerer Majestät mit seiner ersten Heirat, als eine Ehrung des Namens seiner Gattin noch in ihrem Grabe."

Wilhelmines Bruder Ernst erwies nicht nur in der Verwaltung der fürstlichen Güter und Ländereien viel Umsicht, auch bei der Vermehrung des Geldes beziehungsweise der Effekten zeigte er große Geschicklichkeit. Unter seiner Leitung nahm das Vermögen des fürstlichen Hauses einen gewaltigen Aufschwung. Er erzielte hohe Gewinne unter anderem durch den Erwerb von Eisenbahnaktien und Staatspapieren. Ernst Friedrich von Dörnberg stand über 40 Jahre lang an der Spitze der Thurn und Taxisschen Verwaltung, er war dem Fürsten und Freund ein zuverlässiger Berater in allen wirtschaftlichen, politischen und familiären Angelegenheiten. Als Fürst Maximilian am 10. November 1871 starb, reichte Dörnberg umgehend seinen Rücktritt ein. 1832 hatte Ernst von Dörnberg ein Palais in Regensburg erworben und es zu

Wohnzwecken für seine Familie umbauen lassen. Heute ist im Dörnberg-Palais neben anderen Mietern die „Dörnberg'sche Waisenfonds-Stiftung" seines Sohnes untergebracht.

Fürst Maximilian Karl war auch als Witwer ein attraktiver Mann. Das „Vaterländische Magazin" veröffentlichte 1837 ein Porträt von ihm, in dem es heißt: „Der liebenswürdige Fürst ist ein blühender Dreißiger von ungemein hohem stattlichen Wuchse, jugendlich-kräftiger Gestalt, ein schöner Mann wahrhaft ritterlichen Ansehens – ein echter deutscher Maximilian voll wahrer Popularität, mildfreundlich herablassend und dennoch dabei seine Würde bewahrend; (...) er liebt die Offenheit, will keine Schmeichelei und Täuschung, sondern verlangt die Wahrheit ungeschminkt zu sehen. Er ist immer noch derselbe einfache Mann, der er als Chevauxlegers-Offizier zu Augsburg war."

Maximilian Karl hatte gemeinsam mit seinem jüngeren Bruder eine sorgfältige Erziehung im berühmten Schweizer Institut des Philipp Emanuel von Fellenberg zu Hofwil genossen. Bereits als Neunjähriger ernannte man ihn zum Unterleutnant im 4. Bayerischen Chevauxlegers-Regiment und ab 1822 leistete Maximilian dann aktiven Heeresdienst. Als Fürst von Thurn und Taxis (seit 1827) war er, wenn auch mediatisierter Standesherr, durch private Postdienste in einigen Königreichen und Territorien noch Erbgeneral- und Erblandpostmeister beziehungsweise Kronoberstpostmeister sowie aufgrund seines Domänenbesitzes zudem erblicher Reichsrat in Bayern und Österreich, erbliches Mitglied der ersten Kammer in Württemberg und des preußischen Herrenhauses. 1867 trat Maximilian seinen letzten Postbetrieb an Preußen gegen Entschädigung ab. Damit endete die jahrhundertealte Tradition der Thurn-und-Taxis-Post. Aber gerade wegen der Postentschädigungen wurde der Fürst von Thurn und Taxis „Herr so zahlreicher Besitzungen, dass sie einem deutschen Großherzogtume gleichkommen", formulierte das „Vaterländische Magazin" 1837 und fuhr lobpreisend fort, „(er ist) jedenfalls einer der glücklichsten Sterblichen, einer der Götter dieser Erde."

Der auf 1646 datierte Hochzeits- oder Reiterteppich stellt auf seiner rechten Seite Gräfin Alexandrine, geb. von Rye (1589–1666), beim hoheitsvollen Ausritt dar. Sie führte als Witwe des Grafen Leonhard II. von Taxis die Postgeschäfte des Hauses erfolgreich durch die turbulenten Zeiten des Dreißigjährigen Krieges und schuf die Voraussetzungen für den Aufstieg des Hauses Thurn und Taxis. – Gobelin, Entwurf von Nicolaus van der Horst, Ausführung in der Brüsseler Werkstatt des Daniel Eggermans.

Augusta Elisabeth, geb. Herzogin von Württemberg (1734–1787), heiratete 1753 ihren Cousin Carl Anselm von Thurn und Taxis. Sie wünschte sich, auf welchem Wege auch immer, Freiheit und Unabhängigkeit von ihrem ungeliebten Gemahl und wurde daher als vorgeblich geisteskrank in Schloss Hornberg (Schwarzwald) bis zu ihrem Lebensende inhaftiert. – Miniaturgemälde.

Erst kürzlich aufgefundenes, vermutlich authentisches Porträt der Elisabeth Hillebrand, erhobene Frau von Train (1757–1841). Der schönen Mätresse des Fürsten Carl Anselm von Thurn und Taxis gelang es, zu dessen morganatischer Gattin und in den Adelsstand aufzusteigen. – Ölgemälde, unsigniert, undatiert.

Therese, geb. Herzogin von Mecklenburg-Strelitz (1773–1839), war die Schwester Luises, der späteren Königin von Preußen, und Nichte der Königin Charlotte, Gemahlin Georgs III. von England. Erst nach längerem Zögern heiratete sie den nicht ganz ebenbürtigen Karl Alexander von Thurn und Taxis. Schön, galant und gebildet steuerte sie das fürstliche Haus durch die gefährlichen Zeiten der Napoleonischen Epoche und des Wiener Kongresses. – Ölgemälde des französischen Hofmalers François Gérard, 1811.

Die schöne Wilhelmine („Mimi"), geb. Freiin von Dörnberg (1804–1835), ging mit Fürst Maximilian Karl von Thurn und Taxis gegen viele Widerstände 1828 eine Liebesheirat ein. Ihr früher Tod bewegte den schmerzerfüllten Fürsten, das Herz seiner geliebten Gemahlin gesondert in der neu errichteten fürstlichen Grabkapelle beisetzen zu lassen. Die dazugehörige Inschrift lautet: „Hier ruht mein Glück, hier schläft ihr Herz, hier klagt die Liebe ew'gen Schmerz." – Ölgemälde des Porträtisten der königlichen Schönheitsgalerie, Karl Joseph Stieler, 1830.

Helene, geb. Herzogin in Bayern (1834–1890), sollte eigentlich Kaiserin von Österreich werden. Franz Joseph entschied sich aber für ihre jüngere Schwester Elisabeth (Sisi); die verschmähte Wittelsbacherin heiratete daraufhin den reichen Erbprinzen Maximilian Anton von Thurn und Taxis. Nach dessen frühem Tod leitete die Erbprinzessin für zwei ihrer unmündigen Söhne die Geschäfte des fürstlichen Hauses. – Ölgemälde von Christian Adolf Schreyer, um 1870.

Verlobungsbild des Fürsten Albert I. von Thurn und Taxis mit Margarete Erzherzogin von Österreich (1870–1955). Durch die Heirat der beiden 1890 in Budapest verband sich das Haus Thurn und Taxis verwandtschaftlich mit den höchsten Kreisen des Adels. Die glückliche Ehe dauerte über sechzig Jahre und überstand alle Unbilden der gesellschaftlichen wie politischen Umwälzungen des 20. Jahrhunderts – Historische Fotografie, um 1890.

Das fürstliche Paar mit seinen Kindern (v. l. n. r.) Elisabeth (1982), Albert (* 1983) und Maria Theresia (* 1980) im Jahr 1984. Als Fürst Johannes 1990 starb, übernahm Fürstin Mariae Gloria, geb. Gräfin von Schönburg Glauchau (* 1960), die Geschäfte des Hauses Thurn und Taxis für ihren damals noch minderjährigen Sohn Albert und sanierte die fürstlichen Unternehmen erfolgreich.*

Kein Wunder also, dass Fürst Maximilian Karl vielen als einer der begehrtesten Heiratskandidaten galt, wenn er nur daran dächte, „dem stillen Wunsche mancher fürstlichen Mutter, manchen Königstöchterleins entgegen zu kommen, die entzückt dem herrlichen Bräutigam die Arme öffnen würden."

Am 24. Januar 1839 war es dann so weit. Vier Jahre nach dem Tod der ersten Gemahlin ehelichte Fürst Maximilian Karl von Neuem. Dieses Mal war die Auserwählte standesgemäß: Die hübsche und kluge, erst 23-jährige Prinzessin Mathilde Sophie zu Oettingen-Oettingen und Oettingen-Spielberg trat mit dem 37-jährigen Witwer vor den Traualtar. Diese Verbindung währte bis zum Tode Maximilians im Jahre 1871. Elf Kinder, neun Söhne und zwei Töchter, gingen aus ihr hervor.

Fast Kaiserin – fast Fürstin

Helene
Herzogin in Bayern
(1834–1890)

Gemahlin des Erbprinzen
Maximilian Anton von Thurn und Taxis
(1831–1867)

Stammtafel Helene Herzogin in Bayern

Wilhelm Pfgf. v. Wittelsbach-Birkenfeld-Gelnhausen (1752–1837), 1799 zum Hzg. in Bayern ernannt
ⴲ Maria Anna (1753–1824), Schwester Maximilians (IV.) I. Joseph, (Kf.) Kg. v. Bayern

↓

Pius August Hzg. in Bayern (1786–1837)
ⴲ Amalie Luise Przn. v. Arenberg (1789–1823)

↓

Maximilian Joseph Hzg. in Bayern (1808–1888)
ⴲ Ludovika Wilhelmine kgl. Przn. v. Bayern (1808–1892)

↓

Ludwig Wilhelm (1831–1920)
ⴲ (1) Henriette v. Wallersee (1833–1891)
ⴲ (2) Antonie v. Bartlof (1871–1956), gesch. 1913

Wilhelm Karl (1832–1833)

Elisabeth (Sisi) Amalie (1837–1898)
ⴲ 1854 Franz Joseph Ks. v. Österreich (1830–1916)

Karl Theodor (1839–1909)
ⴲ (1) Sophia Przn. v. Sachsen (1845–1867)
ⴲ (2) Maria Josepha (José) Infantin v. Portugal (1857–1943)

Marie Sophie (1841–1925)
ⴲ 1859 Franz II. Kg. v. Neapel-Sizilien (1836–1894)

Mathilde Ludovika (1843–1925)
ⴲ (1861) Ludwig Prz. v. Bourbon-Sizilien (1838–1886)

Maximilian (* † 1845)

Sophie Charlotte (1847–1897)
ⴲ 1868 Ferdinand Hzg. v. Alencon-Orléans (1844–1910)

Maximilian Emanuel (1849–1893)
ⴲ 1875 Amalie Przn. v. Sachsen-Corburg-Gotha (1848–1894)

Maximilian I. Joseph Kg. v. Bayern (1756–1825)
ⴲ (1) Auguste v. Hessen-Darmstadt (1765–1796) — 1
ⴲ (2) Karoline Mgfn. v. Baden (1776–1841) — 2

→ Sophie (1805–1872)
ⴲ Franz Karl Erzhzg. v. Österreich

↓

Franz Joseph Ks. v. Österreich

Ludwig I. Kg. v. Bayern (1786–18[...]
ⴲ Therese v. Sachsen-Hildburg-hausen (1792–1854)

↓

Maximilian II. Joseph Kg. v. Bayern (1811–1864)
ⴲ Marie Friederike v. Preußen (1825–1889)

↓

Ludwig II. Kg. v. Bayern (1845–1886)

Maximilian Karl Fürst v. Thurn u. Taxis (1802–1871)
ⴲ Wilhelmine Freiin v. Dörnberg (1804–1835)

Helene Caroline Hzgn. in Bayern (1834–1890)
ⴲ 1858 Maximilian Anton ←
Erbprinz v. Thurn u. Taxis (1831–1867

Luisa Mathilde Wilhelmine (1859–1948)
ⴲ Friedrich Eugen Prz. v. Hohenzollern-Sigmaringen

→ MAXIMILIAN MA[...]
(1862–1885)
Fürst v. Thurn u. T[...]
(1871–1885)

Elisabeth Maria Maximiliane (1860–1881)
ⴲ Dom Miguel Infant v. Portugal, Hzg. v. Braganza

→ ALBERT I. Mari[...]
Lamoral (1867–19[...]
Fürst v. Thurn u. T[...]
(1885–1952)
ⴲ 1890 Margaret[...]
Klementine Erzhz[...]
v. Österreich
(1870–1955) (s. do[...]

Erbprinzessinwitwe und Vormünderin zweier Fürsten

Der Kaiser von Österreich wünschte zu heiraten. Daher sah sich „die liebe Mama", Erzherzogin Sophie, intensiv bei den in Frage kommenden Prinzessinnen um. Schließlich entschied sich die zukünftige Schwiegermutter für eine ihrer Nichten. Helene in Bayern, als älteste Tochter ihrer Schwester Ludovika und deren Gemahl Herzog Max am 4. April 1834 in München geboren, schien Sophie genau die richtige Wahl zu sein. Die zukünftigen Brautleute hatten sich ein einziges Mal in ihrem Leben als Kinder gesehen und so war es vernünftig, dass ein Wiedersehen arrangiert wurde, an dessen Ende dann die kaiserliche Verlobung bekannt gegeben werden sollte. Herzogin Ludovika brach daher wohlgemut nach Ischl auf, begleitet von der 19-jährigen Helene und von Elisabeth, ihrer zweiten Tochter, die als „Ersatz" für den zukünftigen Brautvater mitfuhr.

Herzog Max hatte sich geweigert, an dieser Fahrt teilzunehmen. Nicht dass er gegen eine eheliche Verbindung mit den Habsburgern gewesen wäre, aber die Reise störte seine eigene Lebensgestaltung. Herzog Max war nämlich kein Familienmensch, er liebte es vielmehr, auf seiner Zither zu musizieren, zu reiten und zu jagen. Weit gereist, belesen und historisch interessiert, hielt er nichts von der Steifheit des Hoflebens, umgab sich lieber mit bürgerlichen Künstlern, Gelehrten und Musikern in seiner bekannten „Artusrunde".

1846 gab Herzog Max eine „Sammlung oberbayerischer Volksweisen und Lieder“ heraus; sogar bei der Besichtigung der Cheops-Pyramide während seiner ägyptischen Reise soll er zum Erstaunen der Einheimischen auf seiner Zither bayerische Weisen gespielt haben. Zuhause wurde der Herzog meist der „Zither-Maxl“ genannt.

Seine zahlreichen Frauengeschichten und die exzentrische Lebensgestaltung erboste die herzogliche Gemahlin jedes Mal von Neuem. Daher war die Partnerschaft des Herzogpaares alles andere als harmonisch. „Wir haben uns beide nicht heiraten wollen“, sagte die Herzogin immer, wenn sie von ihrer Ehe sprach. Zudem sah Ludovika, die königliche Prinzessin, in dieser Verbindung eine nicht standesgemäße, was sie lebenslang kaum verwinden konnte. Später erzählte die verwitwete Herzogin ihren Enkelkindern, dass erst seit der Goldenen Hochzeit ihr Ehemann Max gut zu ihr gewesen sei. Dennoch hatten die in ihrer Jugend überaus schöne Ludovika und der attraktive Maximilian mit ihren acht überlebenden Kindern – Ludwig, Helene, Elisabeth, Karl, Marie, Mathilde, Sophie und Maximilian – eine ansehnliche Familie zustandegebracht. Helene, im Familienkreis Néné genannt, war hochgewachsen und schlank, ihre gleichmäßigen Gesichtszüge umrahmte reiches dunkles Haar, das den reinen weißen Teint vorteilhaft hervorhob. Dunkle Augen blickten eher ernst als temperamentvoll. Helene war zurückhaltend und reifte schließlich zu einer tatkräftigen, sozial und religiös engagierten Frau heran. Mit ihrer jüngeren Schwester Elisabeth, genannt Sisi (Sissi), verband sie Zeit ihres Lebens eine innige Freundschaft.

Diese Freundschaft der zwei Schwestern wurde nun aber in Ischl auf eine schwere Probe gestellt. Denn etwas Unvorstellbares, ja fast Skandalöses geschah: Der junge Kaiser Franz verliebte sich gänzlich unprogrammmäßig in die erst 15-jährige Sisi und präsentierte diese der überraschten Öffentlichkeit als seine Braut. Die schöne Helene war verschmäht worden. Der Kaiser hatte die hübsche, weniger befangene Elisabeth zur zukünftigen Kaiserin von Österreich erwählt.

Das Verhältnis der Schwestern zueinander wurde aber durch diese kaiserliche Wahl nicht dauerhaft getrübt. Helene nahm – wie die gesamte herzogliche Familie – an den Hochzeitsfeierlichkeiten in Wien teil, welche die junge Sisi derartig erschöpften, dass zwischendurch ein Erholungstag geboten war. Helene sprach ihrer Schwester auf Englisch Mut zu, denn diese Sprache benutzten sie wie eine Geheimsprache, da es am Wiener Hof nicht üblich war, englisch zu sprechen. Ludovika schrieb darüber an Marie von Sachsen: „Solange die Schwestern vereinigt waren, steckten sie immer beisammen und sprachen immer englisch, nahmen aber gar keinen Antheil an unseren Gesprächen, wodurch sie durchaus nicht liebenswürdig wurden (und) es ihnen manchen Verdruss zuzog."

Helene haftete nun der Makel einer sitzen gelassene Braut an. Einer jungen Frau von damals konnte kaum Schlimmeres passieren. Wer würde sich jetzt noch für sie interessieren? Konnte Helene überhaupt jemals die Ehe eingehen oder blieb ihr nur mehr der Nonnenschleier?

Herzogin Ludovika machte sich daher um die Zukunft ihrer Ältesten große Sorgen, die inzwischen 22 Jahre alt geworden war. Die Herzogin schrieb an ihre Schwester, Königin Marie von Sachsen, am 22. November 1857 bedauernd: „Sie wäre eine gute Frau und Mutter geworden; nun hat sie, und wir alle, es gänzlich aufgegeben, doch hat sie sich eine große Heiterkeit dabei erhalten." Helene füllte ihre Tage mit emsigem Malen und kümmerte sich um die „armen Kranken in den Dörfern". Bald wurde sie der „Engel von Possenhofen" genannt. Eine Wiener Zeitung berichtete: „Sie kennt alle Armen und Bedürftigen der Umgebung, kein Kranker entbehrte ihres Trostes und die Zahl der Thränen, die sie im Stillen getrocknet, kennt nur Gott allein!"

Da geschah das gänzlich Unerwartete. Erbprinz Maximilian von Thurn und Taxis, der Herzog Max von allerhand Jagdveranstaltungen her kannte, war auch dessen schöner Tochter Helene vorgestellt worden, hatte sich in sie verliebt und bewarb sich nun um ihre Hand.

Am 30. März 1858 schrieb Herzog Max aus Schloss Banz an

den Fürsten von Thurn und Taxis: „Mit freudigstem Erstaunen erhielt ich die Kunde von dem Wunsche Ihres Herren Sohn, sich mit meiner Tochter Helene zu verbinden. Ich kann nur aus vollem Herzen versichern, dass mich diese Ehe sehr glücklich macht, um so mehr, da Helene in die Familie eines Mannes eintreten wird, dem ich seit einer langen Reihe von Jahren aufrichtig und treu ergeben bin." Fürst Maximilian Karl antwortete daraufhin aus Regensburg: „Dass der Wunsch meines Sohnes mich in jeder Hinsicht nur erfreuen konnte, ist so natürlich, dass ich nicht zu versichern brauche, dass er keine Wahl hätte treffen können, welche mir angenehmer gewesen wäre. (...) Mit Überzeugung darf ich dabey versichern, dass mein Sohn den festen Willen und die beste Absicht hat, I.K.H. die Prinzessin Helene so glücklich zu machen, als er es vermag."

Am 22. Mai 1858, am Namenstag Helenes, sollte in Possenhofen, dem herzoglichen Sommersitz, Verlobung gefeiert werden. Davor waren aber noch einige Hindernisse aus dem Weg zu räumen. Denn der bayerische König Maximilian II. hatte Bedenken gegen die geplante Vermählung angemeldet, da der Erbprinz von Thurn und Taxis, aus einem mediatisierten fürstlichen Haus, einer Herzogin von königlichem Geblüt nicht ebenbürtig erschien. Wenn die Fürsten von Thurn und Taxis auch nur Standesherrn im bayerischen Königreich waren, so hatten sie doch eine herausgehobene Position als Kronoberstpostmeister (seit 1808) und Mitglied der Reichsrätekammer wie des königlichen Familienrats inne. Daher glätteten sich die Wogen bald und unter der Bedingung, „dass der durchlauchtigsten Braut auch nach ihrer Vermählung vorbehalten bleiben, und dieselbe dem gemäß zwar Fürstin von Thurn und Taxis heißen wird, zugleich aber auch den Titel Herzogin in Bayern-Königliche Hoheit zu führen hat", konnte die „erfreuliche Kunde" der Verlobung Helenes mit Maximilian Anton bekannt gegeben werden. Der Hochzeitstermin wurde auf den 25. August 1858 festgelegt. Nun hieß es umfangreiche Vorbereitungen in Schloss Possenhofen zu treffen.

Die schöne Braut war im neuen, vom berühmten Klenze entworfenen, herzoglichen Palais an der Ludwigstraße in München aufgewachsen, das mit seinem Pariser „Café chantant", dem 44 Meter langen Ballsaal mit dem freizügigen Bacchusfries von Schwanthaler und dem Privatzirkus mit Logen im Hof viel beredet wurde. Im Revolutionsjahr 1848 soll hier die erst 14-jährige Helene versucht haben, die Aufständischen aufzuhalten mit dem Zuruf: „Brüder gegen Brüder!" Wenn auch diese missglückte Aktion des jungen Mädchens sehr belacht wurde, so offenbarten sich in ihr doch großer Mut und der im Hause vorherrschende „demokratische" Geist des Herzogs.

In den Sommermonaten hielt sich die herzogliche Familie im Possenhofener Schlösschen am Starnberger See auf. Die ländliche Umgebung und die Einfachheit des Landlebens ließen in Wien das Wort von der „Bettelwirtschaft" aufkommen, aus welcher die Kaiserin herstamme. Trotzdem schwärmte eine Hofdame von Possenhofens herrlicher Lage am See, vom Mondlicht und dem morgendlichen Vogelgezwitscher: „Sie jubelten, als ob es Frühjahr wäre – ich stürzte ans Fenster – der Anblick war köstlich, tief – tiefblau die Flut – ein Paradies von Bäumen und grün all over und über dem See drüben schöne Berge – alles Lieblichkeit und Sonne – der Garten voll Blumen – das alte Haus umrankt von wilder Rebe und Epheu – so poetisch – so schön." Hierher flüchtete sich Helene später immer wieder, hier im geliebten „Possi" trafen die oftmals unglücklichen Schwestern Néné und Sisi zusammen, erhielten Trost von ihrer Mutter und der lieblichen Natur.

Für die bevorstehende Trauungszeremonie ließ Herzog Max extra eine Hochzeitskapelle in Possenhofen bauen. Der Herzog war recht wohlhabend und so stattete er seine Tochter mit einem Heiratsgut von 50 000 Gulden aus sowie „mit allen Erfordernissen an Kleinodien, Kleidern, Geschmeiden, goldenen und silbernen Geräthen." Besonders Herzogin Ludovika kümmerte sich um einen standesgemäßen Brautschatz. Das überlieferte „Inventarium des Trousseaus" führt neben vielen anderen Dingen hauptsächlich auf: 26 Schmuckstücke, darunter ein Set aus Türkisen und Diamanten bestehend aus 1 Kamm, 2 Armbändern, 2 Broschen, 2 Ohrringen und 1 Collier. An Oberbekleidung war vorhanden: 11 Seidenkleider mit „ausgeschnittener Taille", 7 Seidenkleider mit „doppelter Taille", 7 „Montant-Kleider" und 10 „Mousline-Kleider", 2 weiße Spitzenkleider und 1 schwarzes Spitzenkleid sowie andere Kleidungsstücke aus Spitze dazu mehrere Ellen Spitzenstoffe. Sieben Schlafröcke, 5 Reitkleider, 4 Mäntel und 7 „Mantillen", 8 „Schawls" und Plaids, 14 seidene Halstücher sowie 5 „Gaze Schleier" ergänzten die Bekleidung. Dazu kamen noch 11 Hüte, 7 „Négligé-Häubchen", „16 verschiedene Land und Blumen Coiffuren", „8 Blumenkränze mit Brustbouquet" sowie „2 Blumen-Garnituren". 14 Dutzend Handschuhe aller Arten und Farben, 3 Dutzend Schuhe aller Art und 6 Paar Lederschuhe beziehungsweise -stiefel, 6 Paar Morgenschuhe und 2 Paar „Galoschen" sowie 2 Regenschirme und 5 Sonnenschirme werden zusätzlich aufgeführt. Die Leibwäsche bestand aus 12 Dutzend Hemden, 4 Dutzend Nachtjäckchen, darunter sechs mit Spitze besetzt und mit Seide gefüttert, 18 Nachthemden, 6 Dutzend Röcke, 4 Dutzend „Beinkleider", 1 Dutzend „Pudermäntel", 8 Dutzend Strümpfe, 12 Dutzend Taschentücher, 2 Dutzend Nachthalstücher, 2 Dutzend Sommertücher, 4 Stück „Stecknadel-Ueberzüge", 1 Dutzend „Corsets", 6 Dutzend „Toilette-Servietten", 2 Dutzend „gröbere Toilett-Servietten", 12 Stück „Matratzen" (= Bettwäsche) samt 6 Stück Aderlassbinden, 1 Dutzend Badetücher und 2 Dutzend „Packtücher". An Gegenständen für den persönlichen Gebrauch kamen hinzu „1 Toilette und Nécéssaire" aus vergoldetem Silber, 36-teilig, „in einem rothsafianen Koffer"; 1 silberne Toilette aus 14 Teilen; 1 Reisenecessaire samt Reiseschreibtisch aus mehreren Teilen sowie verschiedene andere Gegenstände, darunter beispielsweise „1 Wärmeflasche von Chinasilber".

Gemäß dem Ehevertrag zeigte sich auch der zukünftige Gemahl großzügig und bestimmte die Mitgift zum alleinigen Eigentum der Braut „als Zeichen aufrichtiger Zuneigung". Dazu kam dann noch die Morgengabe von 20 000 Dukaten und ein „fürstliches Juwel". Jährlich erhielt Helene außerdem ein „Nadelgeld" von 18 000 Gulden, wie der Ehevertrag festsetzte, „zur Bestreitung der persönlichen Ausgaben für Putz, Kleider, Almosen und dergleichen." Alle übrigen Ausgaben bestritt in Zukunft das Haus Thurn und Taxis, nämlich die Kosten für einen Hofkavalier, eine Hofdame, für die Tafel, Wagen und Pferde sowie für die übrige Dienerschaft und Einrichtung.

Derart ausgestattet konnte Helene ihr neues Leben als Gemahlin des Erbprinzen von Thurn und Taxis sorglos beginnen.

Am Hochzeitstag, den 25. August 1858, allerdings regnete es in Strömen. Die Münchner „Neuesten Nachrichten" schrieben: „Zu dem Festschießen, welches der Erbprinz von Taxis in Possenhofen gab, hatten sich, des unaufhörlichen Regens ungeachtet, die geladenen Schützen zahlreich eingefunden und wurde auch sehr gut geschossen." Die benachbarte Bevölkerung brachte in mit Laternen beleuchteten Ruderbooten dem Brautpaar auf dem Starnberger See eine Serenade dar und der Brautvater ließ ein „Kunst-Feuerwerk" abbrennen, als der Regen einmal aufhörte, „das ebenso glänzend als gelungen war."

Zur „hohen Vermählungsfeier Ihrer Königlichen Hoheit der Prinzessin Helene in Bayern mit dem durchlauchtigsten Erb-Prinzen Maximilian von Thurn und Taxis" hatte Ferdinand Fränkel „Hochzeit-Lieder" gedichtet, die während beziehungsweise nach der Trauungszeremonie zu Gehör gebracht wurden:

„Von wahrer Liebe inniglich durchdrungen,
Die Eins dem Andern, ach so gerne weiht,
Habt Ihr das heiß erflehte Glück errungen,
Das schöne Ziel der ird'schen Seligkeit.
Wollt nun die Hände in einander legen,
Dann machet hörbar Euren Willen kund,
Es gibt der Priester Euch der Kirche Segen,
Und weihet Euch zum heil'gen Ehebund!

Das Wörtchen „Ja“ hat Euch verbunden
Zu Freud' und Leid, zu Schmerz und Glück,
Ein Band ist jetzt um Euch gewunden,
Ihr könnt nun nimmermehr zurück.
Lasst Eure Blicke aufwärts schweben,
Auf Gottes Segen dürft Ihr bau'n,
Geht freudig denn durch dieses Leben,
Beglückt durch Liebe und Vertrau'n!“

Auf ausdrücklichen Wunsch der Braut nahm der Abt des Klosters Beuerberg die Trauung vor.

Die Frischvermählten verbrachten einige Tage ihrer Flitterwochen in München, bevor sie auf Schloss Taxis weiterreisten. Friedrich Maurer widmete dem hohen Paar eine „ehrfurchtsvolle Begrüßung“, in der es heißt:

„Ein Engel ist's, der anmuthsvoll und milde
Dem würd'gen Gatten folgt in die Gefild,
Wo seine Ahnen schon, im biedern Schwaben,
Den heimathlichen Herd begründet haben.
Und in das Thal, wo sanft die Egau fließt,
Mit ihrem Gürtel üpp'ge Flur umschließt,
Winkt gastlich von der Höh'das Schloß herab,
Dem Taxis seinen Fürsten Namen gab.

Willkomen seyd! Gesegnet sey die Stunde,
Die Euch gebracht – ertönt's aus Aller Munde.“

Als das Erbprinzenpaar schließlich am 22. Dezember in Regensburg einzog, wurde es auch von der Stadtbevölkerung, den Vereinen und Würdenträgern herzlich empfangen. Ein Triumphbogen am Stadteingang trug die Aufschrift: „So viele Herzen drinnen wohnen, / So viele Grüße nach Millionen.“

Ein halbes Jahr später kam auf Schloss Taxis am 1. Juni 1859 das erste Kind zur Welt, ein Mädchen. Prinzessin Luisa heiratete 1879 Friedrich Eugen Prinz von Hohenzollern-Sigmaringen, General des 3. Preußischen Armeekorps. Sie überlebte alle ihre Geschwister und starb hochbetagt 1948. Am 28. Mai 1860 wurde Prinzessin Elisabeth geboren, die am 17. Oktober 1877 Dom Miguel Infant von Portugal und Herzog von Braganza ehelichte. Ihr Gemahl entstammte der exilierten königlichen Familie Portugals und war k.u.k. Oberst in einem Husarenregiment. Elisabeth starb bereits am 7. Februar 1881, geschwächt durch die Geburt ihres dritten Kindes. In Kleinheubach bei Wertheim am Main wurde sie beigesetzt.

Knapp ein Jahr nach ihrer zweiten Niederkunft nahm Kaiser Franz Helene in die Pflicht: Kaiserin Sisi, kürzlich erst von Madeira zurückgekehrt, war erneut erkrankt. Fieber- und Hustenanfälle plagten sie. Sisi klagte über starke Schmerzen, suchte depressiv die Einsamkeit und verweigerte schließlich die Nahrungsaufnahme. Die behandelnden Ärzte stellten Lungenschwindsucht fest und verordneten einen Aufenthalt auf Korfu. Alle fürchteten um der Kaiserin Leben und Gerüchte von ihrem Tod machten in Wien bald die Runde. Als auch von Korfu keine günstigen Nachrichten eintrafen, bat Kaiser Franz seine Schwägerin Helene, doch auf die Insel zu reisen und nach Sisi zu sehen. Herzogin Ludovika berichtete darüber nach Sachsen im August 1861: „Helene bringt ein großes Opfer, das ihr so schwer wird, aber sie sagt, der Kaiser hätte sie so dringend darum gebeten, er hätte ihr so unbeschreiblich leid getan – der arme, liebe Kaiser; er soll so unglücklich und traurig sein."

Helene reiste nicht gern, denn sie musste ihre zwei kleinen Kinder in großmütterlicher Obhut am Starnberger See zurücklassen. Begleitet von ihrem Gemahl erreichte die Erbprinzessin Triest, wo sie sich an Bord des österreichischen Kriegsdampfers „Greif" nach Korfu einschiffte.

Anfangs war Helene über Sisis Aussehen erschrocken, aber nach einiger Zeit der schwesterlichen Fürsorge erholte sich Elisabeth allmählich, so dass Ludovika weitergeben konnte: „(Sisi) isst sehr viel Fleisch, trinkt viel Bier, ist von der gleichmäßigsten Lustigkeit, hustet wenig, besonders seit die, wie Helene findet, enorme Hitze wieder angefangen hat, und sie machen sehr schöne Partien zu Wasser und zu Lande." Im

Oktober kam Kaiser Franz selbst zu Besuch, um sich des Gesundheitszustandes seiner Gemahlin zu vergewissern. Den Winter über wollte die Kaiserin in Venedig zubringen und dort mit dem Kaiser und ihren Kindern zusammentreffen. Nach Korfu kehrte sie aber immer wieder zurück, dort ließ sie sich sogar ein Schlösschen, das „Achilleion", errichten.

Helenes Mission war für dieses Mal zu Ende, wenn sie sich auch weiterhin um Sisis Wohlbefinden sorgte. Die Wiener Hofdamen hielten große Stücke auf Helenes pflegerische Fähigkeiten und meinten: „Sie hat doch immer einen kalmierenden Einfluss, ist selbst so vernünftig und ordentlich und sagt ihr die Wahrheit."

Die Ehe des Erbprinzenpaares gestaltete sich glücklich. Noch weitere zwei Kinder entwuchsen ihr: Am 24. Juni 1862 erblickte der ersehnte Erbprinz Maximilian Maria auf Schloss Taxis das Licht der Welt, und wenige Jahre später wurde sein Bruder Albert Maria am 8. Mai 1867 in Regensburg geboren. Hier bewohnten seit 1862 Helene und Maximilian Anton mit ihren Kindern ein neues Haus. Helenes Schwiegervater hatte den Prüfeninger Hof an der Ostseite des heutigen Bismarckplatzes gekauft und daraus ein Palais für die Erbprinzenfamilie gestalten lassen.

Allerdings währte das harmonische Ehe- und Familienleben nur insgesamt sieben Jahre. Seit einiger Zeit zeigten sich bei Helenes Gemahl erste Anzeichen eines körperlichen Verfalls. Sein attraktives Aussehen hatte sich verändert; er war aufgedunsen, kurzatmig und kraftlos. Die verordneten Trinkkuren in Karlsbad brachten keine Heilung. Am 26 Juni 1867 verschied Erbprinz Maximilian Anton für alle überraschend an einem Nierenleiden und einer dadurch bedingten „Lungenlähmung", wie es der Obduktionsbefund auswies.

Zwei Tage später wurde sein Leichnam in der fürstlichen Gruftkapelle aufgebart, umgeben von einem Meer aus Kerzen und Zierpflanzen. Unter den Trauergästen befanden sich auch Kaiserin Elisabeth und Kaiser Franz Joseph von Österreich, die wie viele Bürger Regensburgs persönlich Abschied nehmen wollten. Maximilian Anton war erst 36-jährig noch vor seinem Vater gestorben. König Ludwig II. von Bayern kondolierte daher Fürst Maximilian Karl von Thurn und Taxis folgendermaßen: „Ich fühle mit Euer Liebden den tiefen und gerechten Schmerz, welche dieselbe und die gesamte Taxis'sche Familie empfindet und ermesse sehr wohl, welch eine Fülle von Hoffnungen mit dem theuern Leben des Dahingeschiedenen erloschen ist."

Helene, nunmehr die Erbprinzessinwitwe, schien in ihrem Schmerz wie versteinert. Sie zog sich für einige Zeit zu ihrer Mutter nach Possenhofen zurück. Dort traf auch Helenes Tante, Sisis Schwiegermutter Sophie, ein. Die Erzherzogin hatte ihren Sohn Maximilian, den Kaiser von Mexiko, verloren. Er war von Freiheitskämpfern am 19. Juni 1867 hingerichtet worden. Nun weinte sie gemeinsam mit der jungen Witwe Helene. Eine Hofdame berichtete über die Trauernde: „Ein erbarmungswürdiger Anblick, ein wahres Bild des Jammers, um nicht Verzweiflung zu sagen (...) dies arme Geschöpf, vernichtet und durch den Schmerz gelähmt." Und die Erzherzogin Sophie vertraute ihrem Tagebuch an: „Ich sage mir, da sind wirklich die tiefsten Schmerzen Seite an Seite, der Schmerz der Witwe eines geliebten Mannes und der Schmerz der Mutter über den Verlust und das Martyrium ihres getöteten Sohnes."

Zurück im Regensburger Erbprinzenpalais schrieb Helene am 14. Februar 1868 an eine Freundin einen Brief, der Einblick gibt in das Empfinden und den Tagesablauf der jungen Witwe: „Seit einer Ewigkeit bin ich Dir Antwort auf Deinen Brief schuldig, worüber Du mit Recht ungehalten sein wirst; wenn Du aber weißt wie sehr meine Zeit und meine Gedanken in Anspruch genommen sind, würdest Du wohl nachsichtiger urteilen. (...) Ich führe ein stilles eintöniges Leben, habe aber so viel zu tun, dass, trotz meiner Herzens-Einsamkeit und Trübseligkeit, die Zeit schnell verfliegt. Es kommt freilich viel Sorge und Verdruss über mich, was allein schwer zu tragen ist; das sind noch die Zugaben, Folgen des Verlassenseins; aber es geht jetzt alles in dem großen Herzweh auf, mit dem ich ja auf der Welt doch nie mehr froh werden könnte. Wenn ich nur für die Kinder da sein kann, was ich soll; dass ihnen alles Widerwärtige erspart bleibe. – Die Kinder sind jetzt meine einzige Zerstreuung, der einzige Zweck meines Lebens, und diese Pflicht hat mich wohl allein erhalten, denn sonst wäre ich Ihm gewiss bald nachgegangen. So darf ich mich nur auf diesen Moment freuen, wenn meine Aufgabe vollendet ist. Die Kinder sind wohl und die beiden Mädchen jetzt mit ihren Studien ziemlich beschäftigt (...) Ich habe mir ein paar Zimmer im 2. Stock, mitten in der Kinderwohnung, eingerichtet, da ich es im 1. Stock, wo ich immer mit ihm war, nicht aushalten kann. Es ist alles genau so geblieben, wie zur guten Zeit, und ich gehe auch täglich durch, aber in der Länge wäre es, vor Seligkeit und immerwährender Erwartung seines Kommens, nicht zu ertragen. Ich wollte es anfangs erzwingen, fühlte aber, dass ich darüber wahnsinnig werden könnte. – Hier oben bin ich immer gezwungen mit den Menschen zu sein, oder sie wenigstens immer zu hören, so dass ich keine Zeit habe meinen Gedanken nachzuhängen. Der Kleine ist jetzt eine ganz große Freude, da er so nett und verständig wird und die Großen sind vernünftige Leute. (...) Wirst Du diesen Winter nach München gehen? – Wie Du wohl weißt, bleibt meine Mutter ganz in Possi mit den beiden Geschwistern. (...) Ich bin aber am liebsten in Regensburg; schon wegen der Gruft, wo ich jeden Morgen die Messe höre und eine Stunde bei ihm knie, denn es ist dort so hell und heimlich, dann um neun Uhr früh, beginnt eigentlich der Tag erst."

Vier Jahre nach Erbprinz Maximilian Anton segnete am 10. November 1871 auch der 69-jährige Fürst von Thurn und Taxis das Zeitliche. Nun wurde sein Enkel, Helenes ältester Sohn Maximilian Maria, der neue Fürst von Thurn und Taxis. Gemäß ihres Ehevertrages übernahm die Erbprinzessinwitwe die Vormundschaft für den erst Neunjährigen. An die zwölf Jahre erfüllte Helene ihre Pflichten als Vormünderin ernsthaft und erfolgreich. Unterstützt vom Chef der fürstlichen Verwaltung Freiherr von Gruben, vermehrte sich der fürstliche Grundbesitz durch umfangreiche Ankäufe vor allem in

Kroatien und Slowenien bedeutend. Die letzten Postrechte waren zwar an Preußen abgetreten, aber mit der Entschädigungssumme von drei Millionen Talern konnten diese Landerwerbungen finanziert werden.

Rasch verflogen die mit Geschäften und Reisen ausgefüllten Jahre. Am 24. Juni 1883 wurde Fürst Maximilian Maria volljährig. Umfangreiche Festlichkeiten begleiteten diesen wichtigen 21. Geburtstag, an welchem er aus der Hand seiner Mutter die Regierung des fürstlichen Hauses übernahm. Auf Schloss Obermarchthal wurde die Großjährigkeit des Fürsten mit einem „Festdiner" am 25. Juni begangen. Man reichte:

> „Caviar und Sardellenbrödchen
> Suppe
> Ochsenfleisch mit Saucen und Beilage
> Bohnen und Braunschweiger Wurst
> Rheinsalm mit holländischer Sauce
> Rehbraten
> Poulardbraten
> Torte
> Dessert."

Dazu wurde kredenzt:

> „1874 Niersteiner & Schorlachberger, weiß
> 1878 Forster Traminer, weiß
> 1874 Adelsberger Ungar, roth
> 1878 Affenthaler, roth
> Bordeaux, câtupremière
> Hoh(en)heimer und Würzburger Schaumweine."

Der junge Fürst war gut ausgebildet und auf seine Aufgaben vorbereitet. Er hatte sechs Semester an den Universitäten von Bonn, Straßburg und Göttingen Philosophie, Jura und Nationalökonomie studiert und entwickelte sich nun zu einem eifrigen Förderer der Kunst und der Wissenschaften. Bald nach seinem Regierungsantritt ordnete Maximilian die Erforschung der Geschichte seines Hauses an. Er unterstützte wissenschaftliche Vereine, wie den Historischen Verein für Oberpfalz und Regensburg, war selbst Mitglied im Historischen Verein zu Neuburg an der Donau, kaufte mehrere numismatische Sammlungen an und war auch Mitglied in der Bayerischen Numismatischen Gesellschaft, hatte das Protektorat des Regensburger Kunstvereins inne und förderte finanziell das Theater der Stadt.

Der junge Fürst liebte zudem die Baukunst. Er ließ die alten Ökonomie- und Brauereigebäude des ehemaligen Klosters St. Emmeram, die schon recht baufällig waren, abreißen und einen neuen südlichen Schlossflügel errichten. Die Bauarbeiten begannen im September 1883. Der 165 Meter lange neue Schlosstrakt im Neorenaissancestil besaß prächtige Zimmerfluchten, zwei Marmortreppenhäuser und eine großartige Innenausstattung. Schon Maximilians Mutter Helene hatte im alten Ostflügel der Anlage einige Räume umgestalten lassen. So wurde dort 1873 im Rokokostil nach dem Vorbild der Amalienburg im Nymphenburger Schlosspark zu München der sogenannte Silbersalon eingebaut. 1873 begann auch die Verlagerung der luxuriösen Inneneinrichtung des Frankfurter Palais ins Schloss St. Emmeram nach Regensburg. Helene, die nach dem Tod ihres Schwiegervaters, des alten Fürsten, vom Erbprinzenpalais ins Schloss übersiedelt war, wünschte aus den ehemaligen Klostergebäuden ein veritables Märchenschloss zu machen. Diese Anfänge seiner Mutter wollte nun der Sohn als junger Fürst vollenden. Auch ein neues Jagdschloss sollte im fürstlichen Thiergarten entstehen, als Ersatz für das Sommerschloss in Donaustauf, welches 1880 mitsamt dem halben Ort niedergebrannt war.

Leider erlebte Helenes Sohn die Fertigstellung der Baumaßnahmen zu einem „bedeutenden Denkmal des Historismus" nicht mehr. Als Maximilian Maria von einer Auerhahnjagd aus Österreich zurückkehrte, war er bereits schwer krank. Nur wenige Wochen später verschied der erst 23-Jährige an einer Herzlähmung. Ein Herzfehler, den er durch das Scharlachfieber in seiner Kindheit zurückbehalten hatte, war nicht rechtzeitig entdeckt und behandelt worden.

„Der Fürst ist todt! Der gute Fürst ist todt! So tönte am Abend des 2. Juni 1885 die Schreckensnachricht durch die Stadt Regensburg von Mund zu Munde", heißt es in einem Nachruf auf den jung Verstorbenen. Er wurde in der fürstlichen Gruftkapelle in St. Emmeram aufgebahrt und dort zur letzten Ruhe gebettet. Kaiserin Elisabeth legte einen Maiglöckchenstrauß nieder. Zu spät war sie in Regensburg eingetroffen, um noch persönlich von ihrem Lieblingsneffen Abschied nehmen zu können. Nun dichtete sie für ihren „Bubi":

„Während wir erblassen müssen
Auf dem kalten Sarkophag
Steigt der Kranz aus Freudengrüßen
Auf zum lichtumflossnen Tag.
Und der jüngste Engel oben
Nimmt ihn lächelnd in Empfang
Glaube, Hoffnung, fest verwoben,
Sendet er zurück als Dank."

Nach dem Tod ihres so hoffnungsvollen Sohnes zeigten sich bei Helene stark melancholische Züge, ja sogar vorübergehend geistige Störungen, wie Erzherzogin Valerie, Sisis jüngstes Kind, überlieferte: Tante Helene war „in ihrer furchtbaren Leidenschaftlichkeit oft wie wahnsinnig."

Sie konnte sich jedoch nicht allzu lange ihrer immensen Trauer hingegeben, denn dem verstorbenen Fürsten folgte sein jüngerer, 19 Jahre alter Bruder Albert in der Leitung des fürstlichen Hauses nach. Und Helene musste wiederum die Vormundschaft übernehmen. Noch einmal sah sie sich also in die Pflicht genommen, das Haus Thurn und Taxis bis zur Volljährigkeit Alberts, 1888, zu führen.

Helene, die „Erbfürstin", wie sie oftmals betituliert wurde, holte sich Kraft für die Überwindung ihrer Trauer vor allem aus ihrem tief verwurzelten katholischen Glauben. Sie hatte sich im Ostflügel des Schlosses St. Emmeram, gleich anschließend an ihr Schlafgemach, eine Kapelle einrichten lassen, so dass sie immer gewärtig des himmlischen Trostes besonders in den Nachtstunden war.

Viele Familienmitglieder hatte Helene bereits verloren: die jugendliche Tochter Elisabeth, den geliebten Ehemann, den ältesten Sohn, aber auch 1871 den fürstlichen Schwiegervater und am 20. Januar 1886 dessen zweite Gemahlin. Fürstin Mathilde hatte 1861 große Summen Geldes für die Einrichtung eines Kinderkrankenhauses in Regensburg gespendet. Hier im Mathilden-Spital kurierte man arme kranke Kinder unentgeltlich. Nun unterstützte die „Erbfürstin" Helene das Kinderspital ihrer Schwiegermutter. Auch das Kleine Haus bei den Krankenschwestern am Obermünsterplatz, in dem kranke Mädchen und Frauen gepflegt wurden und in welchem Apollonia Diepenbrock selbstlos tätig war, erhielt regelmäßigen Besuch von Helene. Besonders an Weihnachten verteilte sie gerne ihre Geschenke. Helene war von Jugend an sehr religiös und nächstenliebend eingestellt. So veranlasste sie umfangreiche Holzspenden für die winterliche Heizperiode des St. Vinzentius-Vereins und war „Hauptförderin und Wohltäterin" des Christlichen Müttervereins in Tutzing von 1876. „Erbfürstin" Helene erwies sich auch als besondere Gönnerin der weithin verehrten Maria Schuhmann in Pfarrkirchen. Dreimal suchte sie mit Gefolge die Stigmatisierte auf – zuletzt vom 20. bis 22. Oktober 1885 – und machte ihr „wiederholt Geschenke".

In den 1870er-Jahren erfolgten unter Helenes Vormundschaft große Besitzerwerbungen in Slowenien und Kroatien, damals Bestandteil der k.u.k. Monarchie. Die Ländereien wurden zwar überwiegend land- und forstwirtschaftlich genutzt, aber durch den Kauf von Bergbaurechten für Braunkohlegruben besserte man die Einkünfte auf. 1888 konnte Helene die Geschäfte endlich in die jungen Hände ihres Sohnes Albert legen.

Der achte Fürst von Thurn und Taxis war ein hübscher junger Mann. Er vollendete den Bau des südlichen Schlossflügels, den sein Bruder Maximilian Maria begonnen hatte. Auf Einladung des Fürsten Albert kam 1889 die Münchner Verwandtschaft nach Regensburg und besichtigte den Neubau, der viel bewundert wurde. Dabei besuchte man auch

Helene. Die begleitende Hofdame Marie von Redwitz berichtete: „Im entgegengesetzten Flügel des Schlosses lebte die Mutter des Fürsten, Erbprinzessin Helene, mit eigener Hofhaltung. Sie führte dort ein ziemlich einsames, ewig verspätetes Dasein, aß meist allein und kam nie dazu, ihre Sachen zu ordnen. Da niemand diese anrühren durfte, lagen Stöße von Büchern auf den Möbeln und lehnten Bilder gegen die Wand. Das ganze Jahr kaufte sie für Weihnachten ein und schenkte ungemein viel und gerne. Trotz ihrer eigenen Unordnung soll sie während der Minderjährigkeit ihres Sohnes dessen Vermögen mit viel Verständnis und gutem Erfolg administriert haben."

Helene war inzwischen 55 Jahre alt und zeigte offensichtlich Anzeichen von Misstrauen und Melancholie. Sie besaß kein Zeitgefühl und verspätete sich häufig, so dass Züge ohne sie abfuhren und die Mittags- oder Abendtafel bereits aufgehoben war, ehe sie erschien. Wie ihr Vater und noch mehr ihr Großvater Pius, der in seinen späten Jahren als Einsiedler lebte, führte die alternde Helene ein exzentrisches, nach innen gekehrtes Leben, fern von den Menschen. Früher eher ruhelos, lebte sie nun zurückgezogen. So ruhig, dass ihr Hofkavalier und ihre Hofdame sich langweilten und um dieser Öde zu entgehen, sich nur gegenseitig heiraten konnten, wie eine Hofdame einmal spottete.

1890 notierte Marie von Redwitz, Hofdame im herzoglichen Palais zu München: „Es waren beunruhigende Nachrichten über das Befinden der Erbprinzessin von Taxis eingelaufen, von der es hieß, sie habe ein Exsulat (Exsudat?) im Becken. Die weiteren Berichte lauteten schlecht, und trotzdem die Ärzte es ihr nahelegten, wollte sie nichts vom Sterben wissen."

Kaiserin Elisabeth eilte ans Sterbebett ihrer Schwester nach Regensburg. Erzherzogin Valerie überlieferte uns das letzte Gespräch ihrer Mutter mit der todkranken Helene: „Tante Néné, die gar nicht ans Sterben glaubte, freute sich, Mama zu sehen und sagte zu ihr ‚Old Sisi' – sie und Mama sprachen fast immer englisch zusammen. ‚We two have hard puffs in our lives', sagte Mama. ,Yes, but we had hearts', antwortete Tante Néné." (Sinngemäß wegen des englischen Wortspiels hard – heart: „Wir zwei haben viel Herzeleid in unserem Leben erfahren. – Ja, aber wir hatten wenigstens Herzen.").

Seit der Verschmähung als Kaiserbraut in Ischl waren 37 Jahre vergangen. Seit über 20 Jahren war Helene nun schon verwitwet. Zwei Kinder – Elisabeth und Maximilian Maria – hatten vor ihr das Zeitliche gesegnet. Jetzt war die „Erbfürstin" müde und des Lebens überdrüssig. Ihre letzten Worte klangen recht ergeben und melancholisch: „Ach ja, das Leben ist doch ein Jammer und ein Elend." Sie starb am 16. Mai 1890.

Wenig später traf die Todesnachricht bei der alten Herzogin Ludovika, Helenes Mutter, in München ein. „Fürst Albert von Thurn und Taxis betrauerte seine Mutter außerordentlich, denn beide hatten sehr aneinander gehangen", bemerkte dazu Freiin von Redwitz.

„Kaiserliche und königliche Hoheit"

MARGARETE
ERZHERZOGIN VON ÖSTERREICH
KÖNIGLICHE PRINZESSIN VON
UNGARN UND BÖHMEN
(1870–1955)

Gemahlin von
Fürst Albert I. von Thurn und Taxis
(1867–1952)

Stammtafel Margarete Erzherzogin von Österreich

Leopold II. v. Habsburg Lothringen (1747–1792), röm.-dt. Ks. 1790–92 (Sohn v. Maria Theresia v. Österreich u. Franz I. Stephan v. Lothringen, röm.-dt. Ks.)
ꝏ Maria Ludovika (1745–1792), Infantin v. Spanien (Tochter v. Kg. Karl III. v. Spanien u. Maria Amalia v. Sachsen)

Weitere sechs Kinder

Marie Therese (1767–1827)
ꝏ Anton Kg. v. Sachsen

Franz II. (1768–1835), Ks. v. Österreich

Joseph Anton Johann (1776–1847), Palatin v. Ungarn
ꝏ (1) Alexandra Pawlowna Romanowna, Gfstn. v. Russland (1783–1801), Tochter des Zaren Paul I.; Kinder: Alexandrine (1801)
ꝏ (2) Hermine Przn. v. Anhalt-Bernburg-Schaumburg-Hoyen (1797–1817); Kinder: Hermine Amalie Marie (1817–1842), Stefan Franz Viktor (1817–1867)
ꝏ (3) Maria Dorothea Hzgn. v. Württemberg (1797–1855)

(3)

Elisabeth Franziska Maria (1831–1903)
ꝏ (1) Ferdinand d'Este (1821–1849); Kinder: Marie Therese (1849–1919) ꝏ Ludwig III. Kg. v. Bayern
ꝏ (2) Karl Ferdinand Erzhzg. v. Österreich

Marie Henriette (1836–1902)
ꝏ Leopold II. Kg. v. Belgien (1835–1909)

Joseph Karl Ludwig Erzhzg. v. Österreich, Palatin v. Ungarn (1833–1905)
ꝏ Clothilde Marie Przn. v. Sachsen-Coburg-Gotha, Hzgn. zu Sachsen (1846–1927)

Maximilian Anton Erbprinz v. Thurn u. Taxis (1831–1867)
ꝏ Helene Caroline Hzgn. in Bayern (1834–1890)

MAXIMILIAN MARIA (1862–1885), Fürst v. Thurn u. Taxis (1871–1885)

Elisabeth Klementine (1865–1866)

Maria Dorothea (1867–1932)
ꝏ Philippe Robert Hzg. v. Orléans

Joseph August (1872–1962)

Laszlo Philipp (1875–1895)

Elisabeth Henriette (1883–1958)

Clothilde Maria (1884–1903)

Margarete Klementine Erzhzgn. v. Österreich (1870–1955)
ꝏ 1890 Albert I. Maria (1867–1952), Fürst v. Thurn u. Taxis (1885–1952)

FRANZ JOSEPH (1893–1971), Fürst v. Thurn u. Taxis (seit 1952)
ꝏ Elisabeth v. Braganza, Infantin v. Portugal (1894–1970)
Kinder: Gabriel (1922–1942), Erbprinz v. Thurn u. Taxis; Helene (1924–1991), Maria Theresia (* 1925); Maria Ferdinanda (* 1927)

KARL AUGUST (1898–1982), Fürst v. Thurn u. Taxis (seit 1971)
ꝏ Maria Anna v. Braganza, Infantin v. Portugal (1899–1971)
Kinder: Clothilde (* 1922) ꝏ Johann Moritz Prinz v. u. zu Liechtenstein; Mafalda (1924–1989) ꝏ Franz Prinz v. Thurn u. Taxis; Johannes (1926–1990), Erbprinz u. Fürst seit 1982 ꝏ Mariae Gloria (s. dort!)

Ludwig (Louis) Philippe (1901–1933)
ꝏ Elisabeth Przn. v. Luxemburg u. zu Nassau

Max Emanuel (Pater Emmeram OSB) (1902–1994)

Elisabeth Helene (1903–1976)
ꝏ Friedrich Christian Mgf. v. Meißen, Prinz v. Sachsen

Raphael Rainer (1906–1993)
ꝏ Margarete (Rita) v. Thurn u. Taxis

Philip Ernst (1908–1964)
ꝏ Eulalia (Illa) v. Thurn u. Taxis

Adel, Kunst und Caritas

Am 15. Juli 1890 reichte Fürst Albert von Thurn und Taxis „Ihrer Kaiserlichen und Königlichen Hoheit Erzherzogin Margarete, Königliche Prinzessin von Ungarn und Böhmen, Sternkreuzordensdame" die Hand zum Ehebund in der Kapelle der königlichen Hofburg zu Budapest. Kardinal und Fürstprimas Simor, assistiert von vier Bischöfen, traute das junge Paar in ungarischer Sprache. Mit großem Gepränge beging man den festlichen Tag, worüber die örtlichen Zeitungen ausführlich berichteten: „Die Straßen der Stadt waren mit Menschen überfüllt, über die Kettenbrücke, hin zum Ofener Schloss brauste es von Eljen-Rufen. Um das Gepränge der Auffahrt prunkten Farben und Gold der Uniformen und Magnatengewänder im Sonnenglanz des Tages, blitzten die Hellebarden und Helme der Kronwache."

Die Braut hatte am 6. Juli 1870 zu Alcsut, „dem reizend gelegenen Stammsitze der Nachkommen des berühmten Palatinus von Ungarn", wie der Archivar Rübsam es formulierte, das Licht der Welt erblickt. Hier verbrachte sie eine unbeschwerte Kindheit und erhielt eine streng christlich orientierte Erziehung. Ihr Vater, Erzherzog Joseph, machte sich als Organisator und Oberbefehlshaber der Königlich-ungarischen Landwehr sowie durch seine wissenschaftlichen Leistungen einen Namen. Er veröffentlichte eine Sammlung von Heilpflanzen des berühmten Sebastian Kneipp. Diesen „Atlas der Heilpflanzen" illustrierte seine begabte Tochter

Margarete. Sie signierte ihre Zeichnungen mit „Margit", dem Kosenamen ihrer Kindheit.

Margaretes Vater stammte aus dem Hause Habsburg-Lothringen. Kaiserin Maria Theresia war somit Margaretes Ururgroßmutter, deren Tochter Marie Antoinette als französische Königin den Tod unter der Guillotine fand. Von dieser unglücklichen Urgroßtante war ein edelsteinschimmernder Kopfschmuck in den Besitz der Thurn und Taxis übergegangen und zierte an Festtagen die Stirn der jungen Fürstin. Margarete besaß eine enge Bindung an ihren verehrten Vater und trauerte daher tief, als dieser am 13. Juni 1905 verstarb. Ihre Mutter, Erzherzogin Clothilde, geborene Prinzessin von Sachsen-Coburg und Gotha, war eine Schwester des bulgarischen Zaren Ferdinand I. Die ältere Schwester Margaretes, Maria Dorothea, heiratete den französischen Thronfolger Herzog Philippe von Orléans. Marie Therese, Gemahlin des bayerischen Königs Ludwig III., war eine Cousine und die Königin von Belgien Marie Henriette eine Tante Margaretes. Somit bestand ein umfangreiches Familiennetzwerk bis hinein in viele Häuser des europäischen Hochadels.

Mit dieser vorteilhaften Eheschließung war das Haus Thurn und Taxis, obwohl nur mehr Standesherr und nicht mehr souveräner Fürst, in der Hocharistokratie angekommen. Allerdings neigten sich die adelig-illustre Welt und ihr Lebensstil bereits dem Ende zu. Das Fin de Siècle brach an.

Aber noch wehten stolz die fürstlichen Farben „rot und blau" über dem Schloss St. Emmeram, als das junge Paar bereits einen Tag nach der Hochzeit in Regensburg „stürmisch bejubelt" einzog. „Vom Bahnhof aus wurde das fürstliche Paar in prächtigem Zuge in dem eigens für diesen Tag angefertigten, von sechs Braunen gezogenen Galahochzeitswagen, in das Schloss geleitet", weiß die Regensburger Zeitung noch sechzig Jahre später zu berichten. „Am Nachmittag fanden große Feierlichkeiten statt. Am Abend formierte sich ein großer Fackelzug, mit dem sich eine Serenade im Schlossgarten verband." Diese Festlichkeiten geschahen alle in einem kleineren und stilleren Rahmen als sonst bei den fürstlichen Hochzeiten üblich, denn Helene, die Mutter des Fürsten Albert, war erst vor wenigen Wochen in der fürstlichen Gruft beigesetzt worden.

„Fürst Albert von Thurn und Taxis war ein sehr hübscher junger Mann, elegant in der Erscheinung und ausgesucht elegant in der Kleidung", hielt Marie von Redwitz fest. Auch von Margarete war sie begeistert, als sie diese erstmals 1891 in Garatshausen kennen lernte: „Die neuvermählte Fürstin hat allen den vorteilhaftesten, angenehmsten Eindruck gemacht. Ihr Wesen war so sympathisch, verbindlich und einfach, so ausgeglichen und wohlwollend. Ihre Erscheinung war groß, elegant und schlank und wirkte sehr vornehm, auffallend graziös war ihr Gang wie auch ihre sonstigen Bewegungen. Sie schritt so ruhig und schön, daß ich immer gezwungen war, ihr nachzusehen."

1893 erwartete Margarete endlich Nachwuchs. „Das erstemal, da sie es geglaubt, war es eine Täuschung und schmerzliche Enttäuschung", weiß die Hofdame der alten Herzogin zu berichten. Von einer anderen Tauffeier in Kreuth kommend, machten Albert und Margarete bei der herzoglichen Großmutter Station: „Die Fürstin sah in ihrem Empirekleide sehr hübsch aus und war mit einem Vermögen an Perlen geschmückt." Am 21. Dezember 1893 brachte dann Fürstin Margarete in Regensburg ihr erstes Kind zur Welt, den Erbprinzen Franz Joseph, der seinem Vater 1952 als Fürst von Thurn und Taxis nachfolgte. Am 23. Juli 1898 wurde Karl August in Schloss Garatshausen geboren. Obwohl ein zweitgeborener Sohn, sollte er schließlich 1971 seinen Bruder als fürstliches Oberhaupt des Hauses beerben. Beide Brüder ehelichten wiederum zwei Schwestern aus dem königlichen Hause der Braganza, nämlich die portugiesischen Infantinnen Elisabeth und Maria Anna, die mit ihrer Familie im Exil lebten. Der 1901 geborene Prinz Louis (Ludwig Philippe) führte Prinzessin Elisabeth von Luxemburg und Nassau heim und die einzige Tochter des fürstlichen Paares Elisabeth Helene vermählte sich 1923 mit Seiner Königlichen Hoheit Friedrich Christian, Markgraf von Meißen. Die Prinzen Raphael und

Philipp Ernst nahmen Rita beziehungsweise Illa von Thurn und Taxis, aus der zweiten Linie des fürstlichen Hauses, zu Gemahlinnen. Einer blieb unvermählt und wählte einen anderen Lebensbund: Max Emanuel wurde Priester und trat als Mönch ins wiedergegründete Kloster Neresheim ein, welches sein Vater Albert den Benediktinern zurückgegeben hatte. Später lebte er als Pater Emmeram in Schloss Prüfening am Rande von Regensburg in frommer Einsamkeit.

Fürstin Margarete gebar insgesamt acht Kinder, darunter nur eine Tochter. Ein Sohn starb bald nach seiner Geburt, so dass sieben Kinder das Erwachsenenalter erreichten. „Ihren Kindern war die Fürstin stets eine liebende, vorbildliche Mutter. In gewissenhafter, trefflicher Erziehung führte sie diese zu tiefer Religiosität und Liebe zur Natur und Kunst hin", schrieb der Tages-Anzeiger rückschauend 1950.

Zum Namens- und Geburtstag der Herzogin Ludovika, der Großmutter Alberts, versammelte sich im August 1891 die gesamte Familie in Possenhofen. Alle Kinder und Enkel kamen angereist. Am 27. August gaben Fürst und Fürstin von Thurn und Taxis ein „Diner" im benachbarten Garatshausen. Schloss Garatshausen, zwischen Feldafing und Tutzing gelegen, war auf dem Wege der Erbschaft in den Besitz der Thurn und Taxis gekommen. Herzog Max in Bayern, der Großvater des Fürsten Albert, hatte das Schloss seiner Tochter Marie, der vertriebenen Königin von Neapel, zur Verfügung gestellt. 1887 war es an Helene von Thurn und Taxis übergegangen und nun ließ Albert das Schloss zu einer Sommerresidenz für sich und seine Gemahlin Margarete ausbauen. Bauernanwesen der Umgebung wurden aufgekauft und zu einem veritablen Schlosspark samt Reitgelände umgestaltet. In den Kutschenremisen und Ställen fanden nun 28 Zug- und 16 Reitpferde Platz. „Mit einfacher Freude" zeigte das fürstliche Paar den Gästen sein „ hübsches, gemütliches Heim", teilte Hofdame von Redwitz mit, „die Fürstin hat die blumige Idylle sogleich liebgewonnen."

Schloss Garatshausen war zum bevorzugten Sommeraufenthalt der Fürstin Margarete und ihrer Familie geworden.

Ein Zeitzeuge berichtete: „Reiste der Fürst zum Sommeranfang nach Garatshausen, so gab es schon Tage vorher einen gewaltigen Aufzug an Kutschen, Pferden und 60-köpfigem Personal, das gar nicht komplett im Schloss untergebracht werden konnte und deshalb auch bei Garatshauser Familien wohnte." Hier in der Nachbarschaft von Possenhofen fand nun „ein lebhafter Verkehr mit Tennispartien, gemeinschaftlichen Ritten und Diners statt", hielt Marie von Redwitz über die Augusttage des Jahres 1896 in ihrer Hofchronik fest. Aber auch die Einheimischen hatten ihren Vorteil von der fürstlichen Anwesenheit, wie ein Zeitgenosse weiß: „Bei meinem Großvater zum Beispiel wohnte der Schlosskonditor. Sehr zur Freude der Familie, da dieser Gast täglich Süßigkeiten und Eis aus dem Schloss mitbrachte. Während seines Aufenthalts – so meinte der Fürst nicht zu Unrecht – rauche in ganz Garatshausen kein Kamin, weil sich die Ortsbewohner überwiegend aus der Schlossküche versorgten. Ihre Zahl war damals ja auch kaum größer als die der fürstlichen Familie samt Dienerschaft und Hofstaat."

In den anderen Schlössern ging es gleichfalls aufwendig und prunkvoll während der letzten Jahre der Monarchie zu. Im September 1896 traf das Fürstenpaar mit Gästen und einem zahlreichen Gefolge „in einem Extrazug" in Lauingen ein. „Von der Bahnstation fuhr man in verschiedenen Viererzügen eineinviertel Stunden nach Schloss Taxis. Fürst und Fürstin sowie der Erbprinz bewohnten das sogenannte Hochschloss, das, reizend im Empirestil eingerichtet, viele Andenken an Königin Luise von Preußen, die Schwester einer Fürstin Taxis, enthielt. Hier waren auch der Speisesaal und die Salons", teilt Marie von Redwitz 1896 mit. Alle anderen waren im Prinzenbau oder anderen Gebäuden untergebracht. „An diesen Häuserkomplex stieß ein Garten, der ganz so weiter gepflegt wurde, wie er einst angelegt war, mit geschnittenen Hecken, einem Labyrinth und altmodischen Blumenbeeten. Dahinter dehnte sich der prachtvolle, sogenannte ‚Englische Wald' aus, in dem man eine halbe Stunde galoppieren konnte, ohne auf denselben Weg zu kommen. Es waren fünfzig Pferde hier, und mit der Dienerschaft sollten einhundertfünf Personen anwesend sein. (...) Obwohl der Lebensstil hier nicht ländlich, man den ganzen Tag Toilette machte und abends zu Tisch dekolltiert war, litt die Gemütlichkeit nicht. Täglich kamen zum Diner zwei Offiziere von Dillingen und danach wurde getanzt. Nachmittags spielte man Tennis, fuhr aus oder es wurde geritten. (...) Im nahen Parke von Duttenstein, in dem ein reizendes Jagdschlösschen steht, fanden morgens früh zwei Jagden auf Damwild statt. (...) Das Frühstück wurde im Freien serviert, und alles war bester Laune. (...) Jeden Tag erklang nach Tisch Militärmusik, und es wurde getanzt, dazu kamen auch die Damen der Offiziere."

Am 10. November 1897 empfing das Fürstenpaar seine Gäste in Regensburg, „wo man sich sogleich zum Diner in dekolltierte Toilette werfen musste", klagte Marie von Redwitz, welche die Ereignisse der folgenden Tage festhielt. „Den Abend verbrachte man, wie gewöhnlich, in der Kegelbahn. Den zweiten Tag war Diner mit den Honoratioren der Stadt. Man besichtigte „die Sehenswürdigkeiten Regensburgs", fuhr abends ins Stadttheater zu einer Vorstellung des „Bajazzo". „Die fürstliche Loge ist in der Mitte des Theaters eingebaut, ganz wie sonst die Königslogen", allerdings sei Fürst Albert auch „ein generöser Protektor dieses Kunstinstituts, das sich ohne seine Zuwendungen nicht halten könnte." Am 13. November fuhr man zur Fasanenjagd „in den eine Stunde vor der Stadt gelegenen Tiergarten, wo ein Schlößchen steht, das zweckentsprechend und gemütlich eingerichtet ist. Es sind dort viele Malereien der Fürstin angebracht. Der schöne Park endet in Hochwald."

Nachdem die Jagdgesellschaft gefrühstückt hatte, fuhr man „drei Viertelstunden bergauf zu den sogenannten „Hütten", der Schöpfung des Fürsten Albert. Die sieben kleinen Häuser sind nach und nach auf einer Waldblöße entstanden, von der man eine wundervolle Rundsicht auf die Hügel hat, die alle zu den Jagdgründen gehören." Je nach Platzbedarf werde dann und wann ein neues Haus dazugebaut, „alles ist weiß und grün gehalten und entzückend geschmackvoll. Auch hier sind in jedem Raum in den Wänden eingelassene Malereien der Fürstin, die vor keinem Format zurückschreckt. Später modellierte die Fürstin auch mit viel Glück. (…) Im Speisezimmer ist die Chiffre A. M. überall angebracht, nur hier statt Maria Antoinette, Albert und Margarethe bedeutend. Die Fürstin sowie die Damen tragen hier zu den Mahlzeiten eine Art Uniform, zu einem weißen oder dunklen Rock einen grünen Tuchfrack mit roten Samtaufschlägen und goldenen Knöpfen mit A.M., die der Fürst allen zum Geschenk macht (…). Auch beschenkte der Fürst jeden, der auf Jagd war, mit einem schönen in Gold gefassten Paar Hirschgrandln als Brosche oder Vorstecknadel (…). Zu Ehren des Namenstages des Fürsten war eine Festvorstellung im Theater angesagt, bei der auch die königlichen Beamten in Frack und Orden erschienen. Um die Stellung des Fürsten zu verstehen, muss man solche Tage in Regensburg erlebt haben", meinte abschließend die Hofchronikschreiberin.

Doch die Zeiten änderten sich. Das Kaiserreich und der fürstliche Prunk gingen im Schrecken des Ersten Weltkriegs und der Revolution unter.

Zu Kriegsende im November 1918 war Erbprinz Franz Joseph noch an der Westfront beim Stab des Generals von Bernhardi und sein Bruder Karl August besuchte die philosophischen Fächer des königlichen Lyzeums. Fürstin Margarete dagegen fuhr „täglich wie bereits seit Kriegsbeginn ins Ostheim zur Pflege der Verwundeten." Das „Rotkreuz-Echo" berichtete darüber: „Gleich nach Ausbruch des ersten Weltkrieges hat Fürst Albert auf Wunsch seiner Gemahlin ein Vereinslazarett des Roten Kreuzes ‚Ostheim' mit 120 Betten eingerichtet, das vor allem Schwerverletzte aufnahm." Hier ließ sich Fürstin Margarete als Schwesternhelferin ausbilden und arbeitete bis 1920 als Operationsschwester. „Ein herzliches, wahrhaft mütterliches Verhältnis hatte sie zu den Schwerverletzten, die oft monatelang die Pflege des Lazaretts in Anspruch nehmen mussten und von denen viele noch bis in die letzten Jahre briefliche Verbindung mit ihr unterhielten und auch zum Teil ihre finanzielle Hilfe bei Heiraten, Existenzgründungen oder Notlagen in Anspruch nahmen und fanden", heißt es in einem Zeitungsartikel. Auch während des Zweiten Weltkrieges assistierte die inzwischen 70-jährige Fürstin noch bei schwierigen Operationen. Sie ermunterte die Frauen ihrer Umgebung, sich beim Roten Kreuz zu engagieren. „Nach 1945", überliefert das „Rotkreuz-Echo", „stellte die Fürstin bei einem Besuch des Lazaretts im großen Gefangenenlager ihr ganzes Pappelholz, das sie für ihre Skulpturen gelagert hatte, für Prothesen zur Verfügung."

Auch Fürst Albert nahm am Ersten Weltkrieg teil. Zwei Jahre lang war er dem Stab des Feldmarschalls Hindenburg zugeteilt. Als Korpsdelegierter des Roten Kreuzes beim V. Armeekorps förderte er besonders die Kriegswohlfahrt, wie die Einrichtung des Lazaretts „Ostheim" vor den Toren Regensburgs beweist.

Anlässlich seines Namenstags am 14. November 1918 schenkte Fürst Albert der Stadt Regensburg 50 000 Mark für die Demobilmachung und den Kleinwohnungsbau. Der fürstliche Archivrat Dr. Freytag vermerkte in seinem Tagebuch über die revolutionären Ereignisse im November 1918: „In Bayern ist die Republik ausgerufen, mit dem Journalisten Eisner als Präsidenten. (...) Auf Anraten des Magistrats, des Soldatenrats und des Dr. Heim begibt sich die fürstliche Familie ins Jagdhaus Tiergarten. Der Soldatenrat sichert der fürstlichen Familie Schutz der Person und ihres Eigentums zu."

Es begannen nun unsichere Wochen für die fürstliche Familie. Denn in den neu entstehenden demokratischen Verfassungen Deutschlands und Österreichs wurde der Adel als Geburtsstand mit seinen Privilegien abgeschafft. Der öffentliche und gesellschaftliche Vorrang ging nunmehr als Rechtsposition verloren. In der Republik Österreich waren Adelsprädikate und Titel untersagt und in Deutschland nur mehr Bestandteil des Nachnamens. Der fürstliche Archivar notierte am 7. Januar 1919: „Das Staatsgrundgesetz der Republik Bayern wird veröffentlicht. Punkt 11: Alle Vorrechte der Geburt und des Adels, sowie Titel, die keine Berufsbezeichnung sind, werden aufgehoben." Bereits am 16. November 1918 hatte die fürstliche Verwaltung bekannt gegeben: „Die Frau Fürstin hat den Wunsch ausgesprochen, dass ihrer in den Zeitungen nur mehr als Fürstin Thurn und Taxis nicht mehr als K(aiserliche) und K(önigliche) Hoheit erwähnt wird."

Noch etwas war jetzt neu: Die Frauen erhielten nach hartem jahrzehntelangen Kampf endlich das aktive und passive Wahlrecht. Daher besuchte am 22. Dezember 1918 Fürstin Margarete „mit ihren Hofdamen die große politische Frauenversammlung im ‚Neuen Haus', wobei die Herren Held und Heim für die bayerische Volkspartei sprachen", überliefert der fürstliche Archivar. Am Sonntag, den 12. Januar 1919 gingen die Frauen dann erstmals zur Wahl; der Tagebuchschreiber Freytag notierte: „Tag der Wahl zur bayerischen Nationalversammlung. (...) Der Fürst wählte mit dem Erbprinzen und Freiherrn von Rolshausen im Gasthaus zum Justizpalast, die Fürstin mit Hofdame Gräfin Helmstadt in der Brauerei Schiller." In Regensburg erhielt die Bayerische Volkspartei die meisten Stimmen. Einige Tage vor der Wahl hatte die Regensburger sozialdemokratische Donaupost veröffentlicht, dass Fürst Albert die Bayerische Volkspartei mit einem Betrag von 50 000 Mark unterstützt habe.

Das fürstliche Haus überstand auch nach der Ermordung des bayerischen Ministerpräsidenten Eisner (21. Februar 1919) die folgenden Monate der Räterepublik gut. Allerdings ließ man Schloss und Bewohner von Offizieren des Chevauxlegers-Regiments und später vom bewaffneten Jagdpersonal bewachen.

Allmählich besänftigten sich die unruhigen Zeiten in den staatlich geordneten Bahnen der Weimarer Republik. 1926 scheiterte die Volksabstimmung über die geplante Fürstenenteignung. Damit blieb das Vermögen der Adelsfamilien in Deutschland als Privateigentum und gleichzeitig ihre herausgehobene Stellung in der Gesellschaft wie ihr politischer Einfluss erhalten.

Schon Ende Mai 1919 hatte Fürst Albert, laut Tagebucheintrag seines Archivars, eine Million Mark sowie die Grundstücke für den Bau von „Eigenheimswohnungen“ gestiftet. Auch die Einrichtung einer fürstlichen Notstandsküche 1923 zeigt das soziale Engagement des fürstlichen Paares. Diese war in den Wintermonaten von November bis Mai geöffnet und versorgte an die 400 Bedürftige täglich mit einem warmen Mittagessen. Während der Zeit des Nationalsozialismus übernahm das NS-Winterhilfswerk die fürstliche Notstandsküche als Volksküche, die allerdings vom fürstlichen Haus weiterhin finanziert wurde. 1940 wandelte man die Volksküche in eine NS-Polizeiküche um. Nach dem Zweiten Weltkrieg bewilligte Fürst Albert im Juni 1945 – „zwecks beschleunigter Wiedererrichtung“ – der Notstandsküche 60 000 Reichsmark „zugunsten der notleidenden Bevölkerung Regensburgs“, um ganzjährig Bedürftige mittags und abends mit Mahlzeiten versorgen zu können. Noch heute speist sie täglich über 200 Menschen.

Fürst und Fürstin von Thurn und Taxis standen den nationalsozialistischen Machthabern des Dritten Reiches distanziert gegenüber, wie der Historiker Behringer aus den Akten des fürstlichen Archivs herauslesen konnte. Nur einmal, als Hitler die Befreiungshalle bei Kelheim besuchte, kam es zu einer persönlichen Begegnung zwischen dem Führer und dem Fürstenpaar. Allein schon die tiefe Verbundenheit mit dem katholischen Glauben sowie die Abneigung der Aristokraten gegenüber dem „Emporkömmling“ Hitler ließ das Haus Thurn und Taxis auf Distanz zu den Nationalsozialisten gehen. Allerdings hielt das Adolf Hitler nicht davon ab, Fürst Albert und Fürstin Margarete 1940 „zur seltenen Feier der Goldenen Hochzeit“ telegraphisch zu beglückwünschen. Auch der Bayerische Ministerpräsident Ludwig Siebert übermittelte damals seine „aufrichtigen Glückwünsche“ mit den Worten: „Bei diesem festlichen Anlaß gedenke ich in herzlicher Dankbarkeit alles dessen, was Euere Durchlaucht in langen Jahren zum besten der schönen alten Stadt Regensburg beigetragen haben. Es wird für alle Zeiten unvergessen bleiben.“ Er versicherte dem Jubelpaar seiner Hochachtung und unterzeichnete mit „Heil Hitler! Euerer Durchlaucht ganz ergebenster Ludwig Siebert." Aufgrund der Kriegsjahre wurde die Goldene Hochzeit des fürstlichen Paares in Regensburg nur „in einfachem Rahmen" begangen.

1950 waren die schwersten Nachkriegszeiten endlich vorüber. Die Normalität des alltäglichen Lebens war eingekehrt, wenn auch die allgemeine Wohnungsnot noch drückte und alle zusammenrücken ließ. Die amerikanische Militärregierung hatte bei den Einquartierungen auch vor der fürstlichen Familie nicht Halt gemacht. So mussten 150 Flüchtlinge in 20 Zimmern des Regensburger Schlosses untergebracht werden. In den anderen fürstlichen Schlössern fanden über 1600 Flüchtlinge und Evakuierte eine Bleibe.

Trotz aller Beschwernisse hatte man bei den Thurn und Taxis wieder Lust, prächtig zu feiern. Einen willkommenen Anlass dazu bot am 15. Juli 1950 der ungewöhnliche Festtag der Diamantenen Hochzeit von Fürstin Margarete und Fürst Albert. „In tiefer Ehrerbietung" überreichte später Dr. med. Papesch „aus einem bewegten Herzen" Fürstin Margarete seine poetischen Eindrücke über die Feier in der Emmeramskirche, wo sich zugleich mit dem Diamantenen Paar, das sein Heiratsversprechen erneuerte, Enkelin Maria Ferdinanda von Thurn und Taxis mit Josef von Hohenzollern-Sigmaringen vermählte. Der Augenzeuge überliefert uns die hochgestimmte Atmosphäre der Zeremonie:

„Der barocke Reichtum der Basilika wird gebührender Rahmen lebendiger Pracht.
Aufjubeln menschlicher Stimmen vom Hohen Chor. Andrang von Musik.
Krönungsmesse von Mozart.
Gloria in excelsis.
Duft von Weihrauch, Duft flammender Kerzen. (…)
Meer leuchtender Blüten – ein einziges Frohlocken – an die Ufer schlagend immergrüner Lorbeerbäume, die mit Strenge säumen.
Rotviolett die Cappa Magna des celebrierenden Erzbischofs – weiß wie Firn das Gewebe bräutlicher Schleier – festliche

Buntheit erlesener Gewänder – Prunk leuchtender Uniformen – Juwelen kostbaren alten Schmuckes,
funkeln wie Tropfen Feuers, von Sternen herabgeträufelt in klaren Nächten, (...).
Golden leuchtet der Tabernakel, golden blinken die hl. Kirchengeräte –
verhaltener das Silber schwerer Kirchenleuchter (...).
Auf kostbarem Teppich im Presbyterium, in rot ausgeschlagenen Kirchenbänken hat sich das Leben alter Dynastien versammelt: (...).
Dicht gedrängt in Haupt- und Seitenschiffen der Kirche – Menschheit!
Herbeigeeilt aus ihren Wohnküchen, Amtsstuben, Bürgerhäusern, Kontoren (...), herbeigeeilt, um ihre Gekrönten zu sehen.
Augen und Herzen der Hunderte werden magisch gebannt von einem erhabenen Bild, das alles Schauen auf sich vereint wie Strahlen auf einen Mittelpunkt: (...)
knieend vor den Stufen des Altares auf rot ausgeschlagener Kniebank
die hohen Gestalten des diamantenen Brautpaares
und – vom Glanz der Jugend umfangen – das junge Brautpaar.
Weißes Filigrangewebe bräutlichen Schleiers, von funkelndem Diadem um weiße Schläfen gehalten, fließt in weichen Falten herab über die Knieende in weißem Atlas, (...).
Das Schwarz-Weiß des neben ihr knieenden fürstlichen Gemahls vollendet das Bild zur Bach'schen Fuge von Adel und Würde.
Atmosphäre von Ehrfurcht und tiefer Bewegtheit des Gemütes webt um die Kniebank.
Wo immer das Volk in seinem Adel das Edle verehrt,
hier, in diesen Knieenden, ist es Inkarnation."

Nach der kirchlichen Feier gab es ein Galadiner im Ballsaal des Schlosses: „69 frohgestimmte Menschen sitzen an langen, ganz in weiß gehaltenen Festtafeln. Wertvolle Gefäße in Silber, Gold und Kristall zieren in endloser Reihe den Tisch, der reich mit Blumen geschmückt ist," berichtete eine Tageszeitung. Schwiegersohn Friedrich Christian, Markgraf von Meißen, erhob sich und brachte einen Trinkspruch auf das Jubelpaar aus: „Um das Wappen Eures Hauses schlingt sich ein Band, auf dem wir den Wahlspruch lesen: perpetua fide, in immerwährender Treue zueinander stehen, für einander sorgen, für einander da sein und wirken. Und heute erleben wir eine perpetua fide von 60 Jahren und wir alle neigen uns vor dieser Treue mit ehrerbietigen und herzlichen Segenswünschen. Dieser Wahlspruch hat eine Antwort gefunden in den Herzen Eurer Kinder, Kindeskinder, Verwandten, Getreuen, ja des ganzen Regensburger Volkes. Treue gegen Treue. Es ist eine perpetua fide, die ihre letzten Quellen in ewigen Bereichen hat, sonst würde sie nicht so sein, wie sie ist. Im Geist und im Bekenntnis zu diesem Wahlspruch Eures Hauses erheben wir uns und scharen uns um den fürstlichen Hüter dieser immerwährenden Treue und seine edle Gemahlin, indem wir ausrufen: Seine Durchlaucht und Ihre Kaiserliche und Königliche Hoheit – unser teures Jubelpaar – Hoch!"

Fürst Albert dankte und hielt nun seinerseits eine kurze Ansprache auf das junge „grüne" Brautpaar. Inzwischen hatten sich im Schlosshof „die kleinen Sänger der Städtischen Singschule" versammelt. Sie brachten die von Rudolf Eisenmann und Franz Johann Biersack verfasste „Taxiskantate" zu Gehör. Abends sang der Regensburger Liederkranz und die Mädchen der Regensburger Turnerschaft zauberten „mit ihren bunten Lampions in wechselnden Bewegungen abwechslungsreiche Bilder". Eine Läuferstaffel des Stadtverbandes für Leibesübungen überreichte eine Denkadresse mit Glückwünschen.

Viele Geschäfte und Firmen in Regensburg zeigten ihre Anteilnahme, indem sie ihre Schaufenster schmückten und festlich gestalteten. Etwa 10 000 Regensburger und Regensburgerinnen fanden sich im Schlosshof ein und brachen in minutenlange Ovationen aus, als sich das Jubelpaar auf dem Balkon des Ostflügels zeigte. Ein Sprecher der Versammelten vermittelte die Gefühle aller mit den Worten: „Regensburgs Bevölkerung steht hier und grüßt Euch und dankt Euch aufrichtigen Herzens. Wir wünschen, dass der Herr des Himmels und der Erde Euch noch viele Jahre in Glück und Frieden schenken möge. Denn Ihr habt es verdient." Der alte Fürst dankte für die Wünsche der Verbundenheit, und die Gratulanten sangen zum Abschied „Großer Gott wir loben Dich".

Sechzig Jahre waren seit Margaretes und Alberts Hochzeit in Budapest vergangen, sechzig Jahre, in denen sich die Welt verändert hatte. Aus der Monarchie war eine Republik geworden. Die Vorrechte des Adels waren mit den Thronen in der Revolution von 1918/19 untergegangen. Nationalsozialismus und Zweiter Weltkrieg hatten Menschenleben, Familien, Städte und Vermögen zerstört. Nur der Reichtum der Thurn und Taxis überdauerte diese schrecklichen Zeiten genauso wie das spanischen Hofzeremoniell mit Hofmarschall, Hofetikette und livrierten Lakaien.

Obwohl 65 Prozent seiner Besitzungen nach den beiden Kriegen in Polen, Böhmen, Kroatien verloren gegangen waren, verfügte das Haus Thurn und Taxis immer noch über beträchtliche Liegenschaften und Beteiligungen. Gleich einem fürsorglichen Patriarchen fühlte man sich den weniger Glücklichen weiterhin verpflichtet. So übernahm Fürst Albert seine von den ausländischen Besitzungen fliehenden Beschäftigten, erhöhte die Beiträge zur Invalidenrente und spendete mit vollen Händen. Hierin, im sozialen Engagement, wusste er sich eins mit seiner Gemahlin Margarete. Bereits 1890 anlässlich seiner Heirat hatte das Hohe Paar die gewaltige Summe von 120 000 Mark verschenkt. Anlässlich der Silberhochzeit 1915 gab es wiederum 14 000 Mark für die Armen. Beim 50. (1917), 60. (1927) und 70. Geburtstag des Fürsten Albert gingen 5000, 10 000 beziehungsweise 50 000 Mark an die Armenfürsorge. Bei der Goldenen Hochzeit des Fürstenpaares 1940 wurden die Notleidenden mit einer Spende von 50 000 Mark bedacht, ebenso zum 80. Geburtstag Alberts im Jahre 1947, wobei die Flüchtlinge eine Sonderspende von 10 000 Mark erhielten. Die Gaben an verschiedene Wohltätigkeitsinstitutionen summierten sich zu diesen Anlässen jeweils auf etwa 100 000 Mark. Vor allem das Regensburger Stadttheater profitierte von den beständigen Zuwendungen des fürstlichen Hauses. In der Zeit vor dem Ersten Weltkrieg flossen ihm jährlich bis zu 100 000 Goldmark zu, so dass seine künstlerische Qualität weit über das Maß einer Provinzbühne hinausging.

Fürstin Margarete förderte die Pflegeanstalt für Geisteskranke in Karthaus, volkstümlich Irrenhaus genannt. Sie hegte größtest Interesse an allen Krankenhäusern der Stadt, besonders aber an der Kinderklinik, die den Namen Mathilden-Margareten-Kinderspital nach ihren zwei fürstlichen Hauptstifterinnen trug. Margaretes christlich-religiöse Gesinnung drückte sich aus in der Förderung des katholischen Vereinslebens. So war sie Protektorin des Vereins zur Unterstützung armer verehelichter Wöchnerinnen, des christlichen Müttervereins und des Hebammenzweigvereins. Ihre karitative Fürsorge galt aber auch zahlreichen Einrichtungen für Kinder und Jugendliche wie der Kind-Jesu-Anstalt, der Bischof-Wittmann-Stiftung, der Kreistaubstummen-Anstalt, dem Verein Kinderfreunde und dem Verein zur Bekämpfung der Kindersterblichkeit. Sie unterstützte weibliche Berufsvereine, war Mitglied im katholischen Frauenbund, Gründerin des Elisabethen- und Paramentenvereins sowie Protektorin vieler Wohltätigkeitsvereine der Stadt Regensburg.

Das fürstliche Paar begeisterte sich sehr für den Pferdesport. Fürst Albert ließ daher den Rennplatz in Prüfening ausbauen und machte damit das alljährliche Regensburger Pferderennen zu einem sportlichen wie gesellschaftlichen Großereignis. Besonders Fürstin Margarete liebte Pferde. Sie war eine ausgezeichnete Reiterin und hatte in jüngeren Jahren sogar einige Erfolge im Jagd- und Springreiten errungen. Noch mit über 80 Jahren saß sie täglich – bis auf die Sonn- und Feiertage – hoch zu Ross. Die Fachzeitschrift „St. Georg" feierte Fürstin Margarete 1950 als „die wahrscheinlich älteste aktive Reiterin unseres Kontinents", die auf „ein 75-jähriges Reiterleben" zurückblicken konnte. Zu ihrem 80. Geburtstag verlieh die Zentralkommission für Leistungsprüfungen der „hohen Reiterin" das „Goldene Reiterabzeichen".

Begeistert schrieb 1949 die „Stuttgarter Wochenpost" über das fürstliche Paar: „Wenn der greise Fürst in aufrechter Haltung und eleganter Kleidung nach den Audienzen zur späten Vormittagsstunde durch die Straßen der Stadt spaziert, bleiben viele Passanten stehen, machen Front zu ihm und ziehen tief den Hut. Die Fürstin wird trotz ihres hohen Alters öfters auf einem Lipizzanerhengst im schwarzen Reitdress gesehen, und man quittiert ihr huldvolles Lächeln mit noch mehr Ehrerbietung. (...) Fürst Albert hat im Rat der Stadt keine Stimme, aber die Regensburger stimmen ihre Beschlüsse doch einigermaßen auf die Wünsche ihres Fürsten ab. Er gilt als großer Wohltäter, stiftet aus seinen ausgedehnten Waldungen Holz und finanziert die Notstandsküche, unterstützt die städtischen Bühnen und eine Reihe kultureller Einrichtungen, tritt obendrein jungen Künstlern und Wissenschaftlern gegenüber als Mäzen auf, lässt Alleen und Parks verschönern, stellt eine Menge Räume zur Aufnahme von Flüchtlingen und Schulen zur Verfügung, gibt seine Riesenbibliothek zu Studienzwecken frei und greift überall helfend ein, wo man sich an ihn mit stichhaltiger Begründung wendet." Die derartig Gepriesenen und Verehrten erhielten 1950 das Ehrenbürgerrecht der Stadt Regensburg verliehen.

Neben dem sportlichen und sozialen Engagement wie ihrer Tätigkeit als Rotkreuzhelferin galt aber Margaretes ganz besondere Liebe und Befähigung der Kunst. Die Fürstin arbeitete regelmäßig in ihrem Atelier, das im Emmeramer Turm der alten Regensburger Stadtbefestigung untergebracht war. Dieser „Malturm" verband sich durch eine Galeriebrücke mit ihren Wohnräumen im Schloss, so dass Margarete sich zu jeder Zeit der Malerei und Bildhauerei widmen konnte. Sie war von der steirischen Malerin Anna Lynker und höchstwahrscheinlich auch von der bekannten Wiener Impressionistin Olga Wisinger-Florian unterrichtet worden und signierte ihre Gemälde mit „Margit von Valsassina". Margarete schuf hauptsächlich „farbenfrohe, lebendige Blumenstücke, Schlossinterieurs und Landschaften ohne Personen- und Tierstaffage, familiäre Genrebilder" in Öl-, Pastell- und Aquarelltechnik, wie das Lexikon der „Münchner Maler" verzeichnet. Sie schmückte aber auch die fürstlichen Schlösser mit Wandmalereien und bemalte mit gebogenem Pinsel hinterglasbildartig bauchige Vasen von innen heraus mit Blüten- und Blattdekors. Früh fand die Malerei der Fürstin Anerkennung im internationalen „Concours des artes des femmes" zu Paris 1907/08. Drei Ausstellungen 1920 bis 1922 brachten durch den Verkauf ihrer Gemälde beachtliche Geldmittel für das Regensburger Kinderspital.

Auch als Bildhauerin erwies sich Margarete als phantasievolle Künstlerin mit hoher Gestaltungskraft. Ihr bildhauerisches Werk entwickelte sich allmählich weg vom eher malerischen Reliefstil der dekorativen Schmuckfriese, wie beispielsweise im Speisesaal von Schloss Garatshausen, hin zur freien Rundplastik. Es entstanden so qualitätsvolle Plastiken wie die „Lautenspielerin" und die „Ährenleserin", die mit anderen Arbeiten auch im Münchner Glaspalast ausgestellt waren. Seit den 1920er-Jahren, beeinflusst durch die Freundschaft mit dem Münchner Bildhauer Otto Straub, der sich auf Bauplastik, Bildnisbüsten und Kriegerdenkmäler spezialisiert hatte, fand Margaretes Bildhauerei zu einer streng statuarischen, ja monumentalen Ausdrucksform. So entstanden zum Beispiel das Kriegerdenkmal im Regensburger Stadtpark und die Kreuzigungsgruppe des Hochaltars sowie die vierzehn Heiligenstatuen für die neue Pfarrkirche „Herz Jesu" im Regensburger Stadtwesten.

1931 veröffentlichte die Zeitschrift „Kunst und Handwerk" einen Artikel über die fürstliche Künstlerin, in welchem es hieß: „Gleichgewandt in der Führung des Pinsels wie des Meißels, hat sie unter dem Künstlernamen Margit von Valsassina zahlreiche Gemälde und Statuen geschaffen und wiederholt in Pariser und Münchner Ausstellungen Werke ihrer schaffensfreudigen Hand der Öffentlichkeit dargeboten. Man findet ihre Schöpfungen in Regensburg und an den auswärtigen Wohnsitzen des fürstlichen Hauses, an den Straßen und öffentlichen Plätzen und in einer Reihe von kirchlichen Stätten." Fürstin Margaretes tiefer Kunstsinn und ihr reiches künstlerisches Werk wurde in Regensburg allerdings erst im Jahre 1982 mit einer Ausstellung im Kunst- und Gewerbeverein gewürdigt.

Inmitten ihres wohlorganisierten und tätigen Lebens traf Margarete ein unerwarteter Schicksalsschlag. In der Nacht vom 21. auf den 22. Januar 1952 schloss ihr Gemahl, der 85-jährige Fürst Albert, für immer die Augen. Unter der Anteilnahme von etwa 80 000 Menschen wurde der „Aristokrat von echtem Adel des Herzens" zu Grabe getragen. Der Verstorbene war am 2. Juni 1885, noch unter der Vormundschaft seiner Mutter Helene, in der Regierung des Hauses Thurn und Taxis nachgefolgt. Nach Beendigung seiner Studien an den Universitäten zu Würzburg, Freiburg im Breisgau und Leipzig, wo er hauptsächlich juristische, nationalökonomische und kunstgeschichtliche Vorlesungen hörte, übernahm er dann mit seiner Volljährigkeit am 8. Mai 1888 alleinverantwortlich die Leitung des Hauses. Anlässlich des 150-jährigen Residenzjubiläums zur Erinnerung an die Übersiedlung der Thurn und Taxis nach Regensburg wurde Fürst Albert am 8. Mai 1899 von Prinzregent Luitpold zum Herzog von Wörth und Donaustauf ernannt.

Fürst Albert führte außerdem die Titel: „Fürst von Buchau, Fürst zu Krotoschin, gefürsteter Graf zu Friedberg-Scheer, Graf zu Valsassina, auch zu Marchtal und Neresheim, Herr von Eglingen, Herr zu Ostrach, Schemmersberg, Demmingen, Dischingen, Ballmertshofen und zum Bussen." Die Bezeichnungen Erbgeneralpostmeister und Kronoberstpostmeister erinnerten noch an das jahrhundertelang ausgeübte Postregal. Zugleich hatte Albert das königlich-bayerische 2. Chevauxlegers-Regiment „Taxis" inne, das seit einigen Jahren in Regensburg stationiert war.

Fürst Albert hatte die Kunst geliebt, vor allem aber die Musik Richard Wagners. Am 29. Mai 1913 wurde die von ihm gestiftete Büste des Meisters in der Walhalla enthüllt.

Mit Albert I. von Thurn und Taxis war der letzte Fürst alter Prägung dahingegangen. Zurück blieb seine trauernde Gemahlin Margarete, nunmehr Fürstinmutter, die ihn durch fast 62 gemeinsame Lebensjahre begleitet hatte. Ihr inzwischen 60-jähriger Sohn Franz Joseph bestimmte jetzt als Fürst von Thurn und Taxis die Geschicke des Hauses.

Nur drei Jahre später sollte Margarete ihrem Albert ins Grab nachfolgen. „Dumpf dröhnten am 2. Mai um $^1/_2$12 Uhr die Glocken von der Stiftskirche St. Emmeram, der Bevölkerung Regensburgs die schmerzliche Kunde gebend von dem Hinscheiden Ihrer Kaiserlichen und Königlichen Hoheit der Fürstin-Mutter Margarete von Thurn und Taxis", meldete 1955 das Regensburger Bistumsblatt. Und die Todesanzeige im „Regensburger Anzeiger" präzisierte: „Am 2. Mai 1955 um 11.30 Uhr ist (...) Ihre Kaiserliche und Königliche Hoheit Margarete Fürstin von Thurn und Taxis (...) im 85. Lebensjahre, wohlvorbereitet durch ein christliches Leben und durch die Tröstungen unserer hl. Kirche, verschieden." An ihrer Bahre standen trauernd sechs ihrer acht Kinder – zwei hatte sie bereits an den Tod verloren – sowie 16 Enkel und 10 Urenkel.

Fürst Franz Joseph, Margaretes ältester Sohn, ordnete Hoftrauer „anlässlich des Ablebens" der Fürstin-Mutter an. Die Kinder der Verstorbenen und deren „Hohe Gemahlinnen bzw. Gemahle" mussten 12 Monate lang Trauer tragen und zwar „vom 2. Mai 1955 bis 1. Nov. 1955: schwarz, schwarze Handschuhe, schwarzer Schmuck; vom 2. Nov. 1955 bis 1. Mai 1956: Halbtrauerfarben." Die Enkelkinder und ihre Ehepartner trugen sechs Monate lang Trauer: schwarzgewandet von Mai bis August und von August bis November Halbtrauerfarben. Die Angehörigen der jeweiligen „Hofstaaten" trauerten gemäß ihren Hohen Herrschaften. Zudem trug man an der Uniform oder am Hoffrack Trauerflor am linken Oberarm.

Zahlreiche Nachrufe erschienen auf die Verstorbene. Das Deutsche Adelsarchiv berichtete: „Die letzten Jahre ihres Lebens galten der Trauer um ihren verstorbenen Gatten, an dessen Sarg in der Gruftkapelle sie manche Stunde des Tages kniete." Dennoch hielt Margarete auch im hohen Alter an ihrer strengen Tageseinteilung unerbittlich fest. Jede Stunde sollte mit nutzbringenden Tätigkeiten ausgefüllt sein, um

Körper und Geist leistungsfähig zu halten. Den Tag begann sie bereits – so steht es in einem Nachruf auf die Fürstin – „vor 5 Uhr, nahm ein kurzes, kaltes Bad, war um $5^1/_4$ Uhr schon im Sattel, sommers im Freien, wintersüber in der Reitbahn. Um 8.00 Uhr sah man sie in der Schlosskapelle bei der hl. Messe, denn Fürstin Margarete war sehr fromm und empfing womöglich täglich die hl. Kommunion, dann erst folgte das Frühstück im Familienkreise. Hierauf strenge Arbeit im Atelier oder Assistenz bei Operationen, sei es im Krankenhaus der Barmherzigen Brüder, sei es in der Kinderklinik, bis zum Mittagessen. Nach Tisch nahm sie sofort ihre Handarbeiten auf und zauberte kunstvolle Stickereien auf kirchliche Paramente, die sie dann armen Kirchen stiftete. Der Nachmittag gehörte wiederum dem Atelier, öfters auch auf Anruf der Ärzte dem Krankenhaus oder der Kinderklinik. Nach dem Abendessen – ihre Mahlzeiten waren stets sehr einfach – begab sie sich bald zu Bette, wenn ihr nicht Einladungen längeres Verbleiben auferlegten." Daneben vergaß Margarete auch nicht die Musik: eine Stunde am Tag übte sie sich im Harfenspiel. Sogar in den Wochen ihrer schweren Krankheit stand die Fürstin täglich auf, um zu malen. Angesprochen auf ihre Rastlosigkeit, antwortete sie einmal lächelnd: „Mir ist jeder Tag zu kurz, die Tage sollten nicht 24, sondern 48 Stunden dauern!"

Nun war die fast 85-Jährige nach langer und schmerzvoller Krankheit gestorben. Der Leichenkondukt führte vom Schloss in die Kirche St. Emmeram. Karat, das Lieblingspferd der Fürstin, folgte dem Sarg. Erzbischof Buchberger hielt den Trauergottesdienst, zu welchem sich bereits lange vor Beginn die Trauergäste eingefunden hatten. „Vor dem mit schwarzen Tüchern ausgeschlagenen Altarraum der St. Emmeramskirche war im Mittelgang des Hauptschiffes die mit Fürstenkrone und Habsburger Wappen gezierte, von hundert Kerzen und immergrünen Pflanzen umgebene Tumba aufgebaut, an der livrierte Lakaien die Ehrenwache hielten," teilten die „Regensburger Woche", die „Stadtausgabe der Volkswacht" und das „Heimatblatt der fortschrittlich gesinnten Bevölkerung" mit. Nachdem der Erzbischof eingetroffen war, zogen die Angehörigen und Verwandten des Hauses Thurn und Taxis durch den Kreuzgang in die Kirche ein: „Der Zug wurde angeführt von dem Chef des Hauses Thurn und Taxis, Fürst Franz Joseph, der Gemahlin des Erzherzogs Otto von Habsburg, Regina von Österreich, und der Tochter der verstorbenen Fürstin, Elisabeth, Markgräfin von Meißen." Etwa fünfzig Vertreter des Hochadels waren als Trauergäste anwesend. Nach dem Requiem wurden die sterblichen Überreste Margaretes, ihrem Wunsch gemäß in der schlichten Tracht der Rotkreuzschwesternhelferin, in der fürstlichen Gruftkapelle beigesetzt. Regierungspräsident Dr. Ulrich und der Regensburger Oberbürgermeister Hans Herrmann hatten bereits am Tage vorher Kränze in der Gruftkapelle niedergelegt.

„Mit Fürstin Margarete schied eine einzigartige Frau aus dem Leben, eine vorbildliche Gattin und Mutter, eine Wohltäterin der Menschheit, eine gottbegnadete Künstlerin, kurz eine Persönlichkeit, die aus Regensburgs Mauern kaum wegzudenken ist, trotz ihrer Zurückgezogenheit, die sie zeitlebens übte", schrieb das Regensburger Bistumsblatt rückblickend.

Mit Mariens Hilfe

MARIAE GLORIA
GRÄFIN UND HERRIN VON
SCHÖNBURG-GLAUCHAU
(* 1960)

Gemahlin des Fürsten
Johannes von Thurn und Taxis
(1926–1990)
und
Mutter des Fürsten
Albert II. von Thurn und Taxis
(1983)*

Stammtafel Mariae Gloria von Schönburg-Glauchau

Joachim Gf. zu Forderglauchau
Penig u. Wechselburg (ab 1900
Hinterglauchau u. Rodisburg)
(1873–1943)
⚭ Oktavie Gfn. Choték v.
Chotkowa u. Wognin
(1873–1946)
(Schw. d. morgan. Gemahlin
Sophie des Ehzg. Franz Ferdinand,
† 1914)

8 weitere Kinder ←

↓

Friedrich Karl Gf. u. Hr. v.
Schönburg-Glauchau-Waldenburg
(1899–1945)
⚭ Maria Anna Gfn. v.
Bawaorów-Baworowska
(1902–1988)

7 weitere Kinder ←

↓

Joachim Gf. u. Hr. v.
Schönburg-Glauchau-Waldenburg
(1929–1998)
⚭ (1) (Heirat 1957; gesch. 1986) Beatrix
Gfn. Széchenyi de Sárvár u. Felsövidék
(* 1930)
⚭ (2) Ursula Zwicker (* 1951)

↓

Anabel (* 1980)

---

(1)

Maya Felicitas (* 1958)
⚭ (Ehe 1985–93) Friedrich
Christian („Mick") Flick

Carl-Alban (* 1966)
⚭ Juliet Beechy-Fowler

Alexander (* 1969) ⚭ Irina
Verena Przn. v. Hessen-Kassel

↓

Mariae Gloria Gfn. u. Herrin v. Schönburg-Glauchau (* 1960)
⚭ 1980 Johannes Baptista de Jesus Maria (seit 1982) Fürst v. Thurn u. Taxis (1926–1990)

↓

Maria Theresia (* 1980)

Elisabeth (* 1982)

Albert II. Maria Lamoral Miguel Johannes Gabriel (* 1983), seit 1990 Fürst v. Thurn u. Taxis

Stephan Gf. Széchenyi v. Sárvár u. Felsövidék
(1791–1860)
⚭ Crescentia Gfn. v. Seilern u. Aspang
(1799–1975)

Adelbert (Béla) ←

↓

Edmund Georg Stephan Karl (1839–1922)
⚭ (1) Irma de Almay
⚭ (2) Eulalia Christopulos (1854–1918)

3 weitere Kinder ←

Bálint Emil Richard Peter (1893–1954) ←
⚭ (1) Marie (Maja) Fstn. Galitzin (1895–?); Ehe gesch
⚭ (2) (1932) Margit Bachruch de Királykut
(1893–1954)

(1) → 3 weitere Töchter

Albert I. Fürst v. Thurn u. Taxis (1867–19
⚭ Margarete Erzhzgn. v. Österreich
(1870–1955)

↓

5 weitere Kinder

↓

Karl August (seit 1971) Fürst v. Thurn u. Taxis (1898–1982)
⚭ Maria Anna
Przn. v. Braganza,
Infantin v. Portugal
(1899–1971)

↓

Franz Joseph (seit 195
Fürst v. Thurn u. Taxi
(1893–1971)
⚭ Elisabeth Przn. v.
Braganza, Infantin v.
Portugal (1894–1970)

↓

Gabriel, Erbprinz
(1922–1942) und
3 Töchter:
Helene, Maria Theresi
Maria Ferdinanda

→ Clothilde (* 1922)
⚭ Johann Moritz Prz
v. u. zu Liechtenstein

→ Mafelda (1924–1989)
⚭ Franz Prz. v. Thurn
u. Taxis

Von der Bussi-Gesellschaft zur Business-Lady

Ich kannte ihn als den Onkel meines Cousins", dass er der reichste Junggeselle in Deutschland war, davon wusste die junge Frau angeblich nichts. Gloria hatte gerade ihren Job in einer Münchner Galerie verloren und wollte eine Ausbildung als Schauspielerin beginnen. Erst ein Mal hatte sie den begehrten Prinzen Johannes von Thurn und Taxis aus der Ferne gesehen und nun stand er im Münchner „Café Reitschule" am Englischen Garten plötzlich vor ihr. Sie schlug gerade mit ihrer Freundesclique die Zeit tot, als der elegante Bonvivant erschien und sie zum Abendessen einlud.

„Im Grunde war das bereits der wunderbare Beginn unserer Beziehung", erinnerte sich Gloria später. Die erst 19-jährige verarmte Gräfin und der 34 Jahre ältere, vermögende Prinz wurden ein ungleiches Paar.

Johannes, 1926 auf Schloss Höfling bei Obertraubling geboren, avancierte, nachdem sein Vetter – Erbprinz Gabriel – bei Stalingrad 1942 gefallen war, zum einzigen männlichen Stammhalter im fürstlichen Hause Thurn und Taxis. Sein Onkel Franz Joseph, der seinem Vater Albert I. 1952 als Fürst von Thurn und Taxis nachgefolgt war, hatte nur noch drei Töchter, die nicht erbberechtigt waren. So ging die Leitung des Hauses Thurn und Taxis nach Franz Josephs Tod 1971 auf seinen Bruder Karl August über. Damit rückte Johannes in die Position des fürstlichen Erbprinzen. Allerdings hatte er nicht wie die Erbprinzen vor ihm eine wissenschaftliche Ausbildung erhalten. Vielmehr absolvierte Johannes eine umfassende Bankausbildung, nachdem er das Gymnasium noch vor dem Abitur hatte verlassen müssen. Seine Schulzeit im Dritten Reich war nicht ohne Schwierigkeiten und Hindernisse verlaufen, da das katholische Haus Thurn und Taxis sich den neuen nationalsozialistischen Machthabern gegenüber recht reserviert verhielt. Johannes erzählte später: „Schwierigkeiten gab es vor allem dadurch, dass ich nicht in der Hitlerjugend war. Man durfte ja nicht sagen, dass der Vater es einem verboten hatte. Das hätte natürlich den Vater in eine sehr unangenehme Lage versetzt. Zeitweise hat man vier, fünf Hitlerjungen abgeordnet, die einen dann verhauen haben."

Vater Karl August wurde sogar 1944 inhaftiert, als er von einem Angestellten wegen Abhörens sogenannter Feindsender denunziert worden war. Der Sohn erzählte später: „Er war in verschiedenen Gefängnissen. Man wollte ihn nicht in Regensburg lassen. Das hätte Schwierigkeiten mit der Bevölkerung bringen können. Weil unsere Familie in Regensburg sehr populär ist. In ein Konzentrationslager wollte man ihn auch nicht tun, weil man die ganze Frage seiner Verurteilung sozusagen legal durchpeitschen wollte. Die ganze Sache lag bei Freisler (= Roland Freisler, Richter am Volksgerichtshof). Der Prozess zog sich etwas hin. Freisler kam bei einem Bombenangriff um. Die ganzen Akten auch, und dadurch wurde mein Vater eigentlich gerettet. Allerdings kam mein Vater schwerkrank zurück aus dem Gefängnis."

Karl August folgte 1971, bereits 73 Jahre alt, seinem Bruder Franz Joseph als 10. Fürst von Thurn und Taxis nach. Sohn Johannes hatte damals schon als gelernter Banker die Verwaltung des fürstlichen Vermögens inne. Er führte mit einem Bevollmächtigten und einigen Direktoren das Thurn-und-Taxis-Imperium. 1981 gehörten dazu: 10 Schlösser, 11 Güter, 10 Forstämter, 5 Bankhäuser, 6 Brauereien, 8 gewerbliche Betriebe vorwiegend der Metall- und Schmuckwarenbranche. Der Grundbesitz umfasste 32 000 Hektar; damit war das Haus

Thurn und Taxis der größte Bodeneigner in Europa. Hinzu kamen noch die 60 000 Hektar große Farm in Brasilien und 6028 Hektar Waldland in Kanada. Das gesamte Unternehmen beschäftigte etwa 4500 Menschen.

Erbprinz Johannes blieb lange Zeit ledig und versorgte in den 1950er-, 60er- und 70er-Jahren die Illustrierten Zeitungen mit Klatschgeschichten. Als Playboy und Partygänger umgab er sich mit immer wechselnden schönen und berühmten Frauen wie der Ex-Kaiserin Soraya. Sein süßes Leben gefiel im Schloss St. Emmeram zu Regensburg nicht. Schon zu lange wartete der Vater auf eine passende, das heißt eine adelige, möglichst katholische und noch junge Schwiegertochter, die den dringend benötigten Erben zur Welt bringen sollte. Denn sonst ging das gesamte Vermögen der Thurn und Taxis an eine Nebenlinie des Hauses über, da die Frauen nicht erbberechtigt waren.

In dieser fast schon verzweifelten Situation lernte der inzwischen 53-jährige Erbprinz Johannes 1979 das Mädchen Gloria in München kennen.

Trotz ihres jugendlichen Alters hatte Gloria bereits ein recht bewegtes Leben hinter sich. Geboren am 23. Februar 1960 in Stuttgart erhielt sie den Namen Mariae Gloria Ferdinanda Joachima Josefine Wilhelmine Huberta Gräfin von Schönburg-Glauchau. Sie war das zweite von vier Kindern des Journalisten Joachim Graf von Schönburg-Glauchau und seiner ungarischen Gattin Beatrix, eine geborene Gräfin Széchenyi. Die Familie lebte damals in bescheidenen bürgerlichen Verhältnissen. Das Vermögen der Grafen von Schönburg-Glauchau war im Osten Deutschlands geblieben, denn die Familie rettete auf ihrer Flucht 1945 vor den Russen nur wenige Habseligkeiten in den Westen. Sie fanden bei den verwandten Fürstenbergs Aufnahme im Schloss Heiligenberg unweit des Bodensees. Der Verlust der Heimat und des Besitzes schmerzte. Drei Schlösser – Glauchau, Wechselburg und Rochsburg – sowie Immobilien-, Wald- und Landbesitz im südwestlichen Sachsen waren dahin. Auch Glorias Mutter, deren Familie aus Ungarn stammte und zu deren Vorfahren der Staatsreformer und Unternehmer Graf Stephan (István) Széchenyi (1791–1860) zählte, hatte in einer spektakulären Flucht kurz vor dem Ungarn-Aufstand 1956 ihr Heimatland verlassen und war bei Graf und Gräfin Ansenburg untergekommen. Sie studierte dann Philosophie und Religion in Bonn, arbeitete als Journalistin und lernte dabei ihren zukünftigen Ehemann kennen. Gloria erinnerte sich: „(Meine Mutter) war eine sehr elegante und sehr schöne Frau. Vor allen Dingen aber eine sehr altmodische Frau, die ihr ganzes Leben danach ausrichtete, ihrem Mann zu gefallen und alles zu tun, ihm das Leben zu erleichtern und ein schönes Zuhause zu bieten. Wir hatten nicht viel Geld. Aber meine Mutter hat es verstanden, mit wenig Geld viel aus unserem Heim zu machen."

Sehr bald zog die junge Familie mit ihren zwei Töchtern Maya und Gloria von Stuttgart-Sonnenberg nach Köln-Rodenkirchen und übersiedelte schließlich, als Gloria fünf Jahre alt war, nach Lomé, der Hauptstadt Togos. Bereits ein Jahr später richteten sie sich ein Heim im Somalischen Mogadischu ein. Graf Schönburg-Glauchau hatte vom Auswärtigen Amt den Auftrag erhalten, beim Aufbau einer Rundfunkstation mitzuhelfen. An das „feudale Leben" in Afrika, mit einem schönen Haus und Personal, erinnert sich Gloria gerne. Hier besuchte sie die französische Schule in Togo und dann eine Klosterschule italienischer Benediktinerinnen in Somalia. Das war eine Eliteschule für ausländische Diplomatenkinder sowie für den einheimischen Nachwuchs der politischen Machthaber des Landes. Weiße wie Schwarze wurden dort gemeinsam unterrichtet. Gloria erzählt rückblickend: „Nach der Schule ging es meist an den Strand oder wir spielten in den Lehmhütten der schwarzen Familien. Aber die hatten kein Spielzeug. Wir bauten uns also aus den vier Coca-Cola-Dosen und einem langen Draht schöne Blechautos." Hier in Afrika kamen auch Glorias zwei jüngere Brüder zur Welt: 1966 Carl Alban, genannt Carli, und Alexander 1969. Sechs Jahre lebte die gräfliche Familie in Afrika, bevor sie 1972 wegen politischer Spannungen Somalia verlassen musste. Noch heute spricht Gloria von ihrer „schönen afrikanischen Kindheit".

Zurück in Deutschland arbeitete Glorias Vater beim Deutschen Jagdschutzverband in Bonn und die beiden Mädchen kamen ins Internat nach Kloster Wald, einer Heimschule am Bodensee. Über die Zwischenstation Katzvey bei Metternich in der Eifel fand Glorias Familie endlich ein Einfamilienhaus in Adendorf unweit Meckenheim, wo Gloria auch die Schule besuchte. Hier bekam Gloria ein Mofa; seitdem liebt sie motorisierte Zweiräder und fuhr später eine schwere Harley Davidson. In Meckenheim schloss sich die Schülerin vorübergehend der „Sozialistischen Jugend – Die Falken" an, weniger aus Überzeugung, als vielmehr wegen der „schnellen Biker-Touren auf dem Sozius" und der „geilen Rock-Konzerte", die dort organisiert und besucht wurden.

1976 zog die Familie wieder einmal um. Glorias Vater wurde Leitender Redakteur der Zeitschrift „Die Pirsch" mit Sitz in München. Ein bescheidenes Haus in Waldtrudering wurde zum neuen Heim. Gloria sollte nun ihre Schulzeit am katholischen Edith-Stein-Gymnasium im Münchner Stadtteil Haidhausen beenden. Aber: „Ich habe bald gemerkt, dass dieses Gymnasium viel zu anspruchsvoll und schwierig für mich war. (...) Ich habe ganz schnell die Schule gewechselt und bin auf das private Dr. Florian Überreiter Gymnasium." Auch dort kam Gloria kaum im Unterricht mit – „das bayerische Schulsystem war einfach zu schwer für mich" –, daher reiste sie zu einer Tante in den Teutoburger Wald, um ihre Schulzeit zu beenden. Letztendlich verließ die 19-Jährige 1979 das Gymnasium mit der Mittleren Reife und kehrte nach München zurück, um sich ins Nachtleben der Schickeria zu stürzen. Gloria meint dazu: „Die Schule war halt nicht mein Ding. (...) Bisher kannte ich ja nur die Provinz. Erst Afrika, dann Meckenheim und den Teutoburger Wald – da war Schwabing schon was anderes. München war damals Ende der siebziger Jahre ein absoluter In-Tipp. Wer Geld hatte, lebte in München oder hatte hier zumindest einen Zweitwohnsitz. Die Clubs und Discos schossen damals wie die Pilze aus dem Boden. Und ich war mitten drin. Ich hatte zwar kein Geld, aber ich kannte die richtigen Leute."

Nun jobbte Gloria im Münchner Auktionshaus Ketterer, bei einem recht nachsichtigen Chef: „Wegen meiner häufigen Ausflüge und gelegentlichen Abstürze im Münchner Nachtleben bin ich sehr oft sehr spät zur Arbeit erschienen. Also nicht zehn oder zwanzig Minuten nach Geschäftsöffnung, sondern mit bis zu zwei oder drei Stunden Verspätung. Aber Wolfgang Ketterer hat bei mir beide Augen und sämtliche Hühneraugen zugedrückt."

Gloria amüsierte sich ausgiebig, bekam aber zunehmend Gewissensbisse, denn: „Es war eine Zeit, in der ich mit sehr wenig Geld ein Leben führte, das ich mir von mir aus, ohne die Freunde, die mich irgendwie mitgetragen haben, gar nicht hätte leisten können." Allmählich lebte sie nur mehr nachts, machte Erfahrungen mit Drogen, zog von einer Mitwohngelegenheit zur anderen, war in ihrer Clique als Stimmungsmacherin mit ihrer guten Laune und ihrem deftigen Humor sehr geschätzt. Allerdings dämmerte allmählich der jungen Frau, dass sie ein „falsches Leben" lebte: „Ich war Teil der reinen Bussi-Gesellschaft, die sich nachts traf, um zu lachen, zu trinken und zu tanzen, die tagsüber die Zeit im Biergarten vertrödelte oder sich auf Ibiza vergnügte, ohne dass es dabei zu echten Freundschaften gekommen wäre. Mir wurde bewusst: Dieses Leben löst im Grunde nur eine Leere in mir aus, weiter nichts. Der Rahmen, den ich zu Hause hatte, war völlig weggebrochen." Gloria verlor ihren Job, haderte mit ihrer Lebensweise und sich selbst. Wünschte sich ein neues Leben, wusste jedoch nicht wie sie dies angehen sollte.

In dieser verzweifelten Lage lernte Gloria ihren nachmaligen Ehemann Prinz Johannes von Thurn und Taxis kennen. Drei Monate später reiste sie mit ihm nach Mexiko, weiter auf seine Ranch nach Brasilien, zurück nach St. Moritz und bewegte sich, noch offiziell als „Nichte" des 34 Jahre älteren Johannes von Thurn und Taxis ausgegeben, überall in internationalen Jetset-Kreisen. In seinem „Lexikon des Klatsches" behauptet der Kolumnist Graeter, dass Johannes während dieser Reisen die soziale und eheliche „Tauglichkeit Glorias einer längeren Testphase unterzogen“ habe.

Als Gloria schließlich schwanger war, gab das Paar im Frühjahr 1980 seine Verlobung bekannt. Am 31. Mai 1980 fand die Märchenhochzeit in Regensburg statt. Zehntausende waren auf den Beinen, um den fürstlichen Prunk und die prominenten Gäste zu bestaunen. Fernsehkameras surrten, Hubschrauber lärmten, 250 Ordnungshüter und Dutzende von Polizeibeamten in Zivil sicherten den von Schaulustigen überfüllten Platz vor der St. Emmeramskirche. Punkt zwölf Uhr verließ das frischgetraute Paar unter Glockengeläut die Basilika. Auf ihren Hörnern bliesen die fürstlichen Jäger den „Fürstengruß“, Brot und Salz wurde dem Hochzeitspaar gereicht, Lakaien in knielangen Pluderhosen, weißen Strümpfen, schwarzen Schnallenschuhen und gepuderten Perücken auf dem Kopf flankierten den Weg. Die versammelte Menschenmenge bejubelte die 20-jährige Braut und ihren 54-jährigen Bräutigam. Gloria trug ein champagnerfarbenes Hochzeitskleid des römischen Modeschöpfers Valentino. Der Rock des taillierten Seidenkleides fiel in acht Volants zum Boden und wurde von einer sieben Meter langen Schleppe aus kostbarer Brüsseler Spitze elegant ergänzt. Der Brautschleier umrahmte den toupierten Lockenkopf der Braut, bekrönt vom berühmten Diadem der Königin Marie Antoinette. Prinz Johannes war in die rote Uniform der Malteserritter gewandet, geschmückt mit grüner Schärpe, Orden, Goldepauletten und einem Säbel am Gürtel.

In der goldenen sechsspännigen Galakutsche ging es die wenigen Meter zum fürstlichen Schloss, wo das Hochzeitspaar bereits von tausend geladenen Gästen, Vertretern der Adelshäuser, der Geldaristokratie und internationalen Prominenz, von Politikern, Ministern und Botschaftern, Künstlern und Wirtschaftsbossen, erwartet wurde. Aus den regierenden Häusern kamen das Fürstenpaar von Liechtenstein und der Großherzog von Luxemburg. Jetzt gab es einen Empfang, „ein nicht enden wollendes Defilee“, wie sich die Fürstin erinnert, „mit einem wunderschönen Büfett im großen Ballsaal.“ Am

Abend davor hatte hier für 300 Gäste eine Brautsoiree samt einem festlichen Ball stattgefunden, zu welchem Thomas Gottschalk die Musik auflegte. Die dreimonatige Hochzeitsreise führte mit der fürstlichen Segelyacht „über Capri zu den Ionischen Inseln nach Griechenland, an der Türkei vorbei, wieder zurück nach Griechenland und über die spanischen Inseln nach Südfrankreich."

Heimgekehrt ins Regensburger Schloss „standen die ersten drei Jahre", nach den Worten Glorias, „ganz im Zeichen einer jungen, glücklichen Familie. Mein Mann ging weniger aus, hatte seltener das Bedürfnis, nach München zu fahren (...). Zwar gingen wir sonntags nicht in die St. Emmerams-Kirche, aber ich durfte einen pensionierten Pfarrer einladen, der in unserer Schlosskapelle die Messe las." Wenn Prinz Johannes von Zeit zu Zeit doch abwesend war, nahm die junge Frau ihre Mahlzeiten gemeinsam mit ihrem Schwiegervater Fürst Karl August von Thurn und Taxis ein, der in einem anderen Flügel des Schlosses lebte.

Die Gründe der Eheschließung zwischen dem ungleichen Paar fasste der Literat Gregor von Rezzori einmal folgendermaßen zusammen:

„1. Er hat sich in sie verliebt.
2. Sie ist von standesgemäßem Adel.
3. Sie ist katholisch.
4. Sie wird die Nachfolge sichern."

Und so geschah es auch. Zunächst kamen zwei Prinzessinnen zur Welt: 1980 Maria Theresia und 1982 Elisabeth. Nach der Geburt der zweiten Tochter meinte Prinz Johannes: „Hoffentlich wird es das nächste Mal ein Junge." Endlich verkündeten am 24. Juni 1983 Böllerschüsse die Geburt des Erbprinzen, der die Namen Albert Maria Lamoral Miguel Johannes Gabriel erhielt.

Der alte Fürst Karl August durfte diese Freude nicht mehr erleben, er war bereits am 26. April 1982 gestorben. Unter seiner Führung war die Land- und Forstwirtschaft der Thurn und Taxis modernisiert worden, auch auf die Wohlfahrt seiner Beschäftigten hatte er geachtet. Zudem setzte sich Karl August für die Bewahrung des historischen und kulturellen Erbes seiner Familie ein: Die äußere wie innere Renovierung beziehungsweise Restaurierung des fürstlichen Schlosses und seiner Kunstschätze standen im Mittelpunkt seiner Bemühungen. Mit Karl August wurde endgültig der letzte Fürst zu Grabe getragen, der noch von den Erziehungswerten und Herrschaftsvorstellungen der untergegangenen Monarchie geprägt worden war.

Nun folgten ihm sein Sohn Johannes als Fürst und dessen Gemahlin Gloria als Fürstin von Thurn und Taxis nach. Schon zu Lebzeiten seines Vaters hatte Johannes von Thurn und Taxis den weitgestreuten Besitz und das umfangreiche Vermögen des Hauses gemanagt. Einmal meinte er: „Ich müsste zugleich ein guter Land- und Forstwirt, ein ausgefuchster Bankier, ein zuverlässiger Juwelier, ein erstklassiger Antiquitätenspezialist und ein Restaurateur, ein erfahrener Brauer und vor allem ein guter Vermögensverwalter sein."

Glorias Gatte, den sie liebevoll „Goldie" nannte, war auf Dauer kein Familienmensch. Er bevorzugte Abwechslung und Geselligkeiten. Sehr autoritär, wollte er die junge Ehefrau an seiner Seite ganz nach seinen Vorstellungen formen. Gloria erzählt: „Ich war angehalten, mittags ein hübsches Kostüm mit Schmuck zu tragen und schön frisiert zu sein. Und ich musste mich zum Mittagessen anders anziehen als zum Abendessen. (…) Ich war für mein Alter (…) viel zu damenhaft gekleidet. (…) Er hatte das Damenhafte sehr gerne – Rock und Jacke, das klassische Kostümchen, mit Brosche rechts. (…) Wenn ich zu spät kam oder doch nicht so gekleidet war, wie er sich das vorgestellt hat, war das für ihn sehr wohl ein Grund, sich über mich aufzuregen."

Fürst Johannes konnte durchaus charmant sein, aber auch launisch, zynisch, herrisch und auf sich bezogen. Vor allem wenn Alkohol im Spiel war – und das geschah immer häufiger. „In den ersten fünf Jahren hatte ich alles mitgemacht, nur um ihm zu gefallen," erinnert sich die Fürstin, „aber langsam entwickelte ich einen eigenen Geschmack, eigene Vorstellungen. (...) Je länger ich mit ihm zusammen war, desto mehr hab ich mich natürlich emanzipiert." In den ersten Ehejahren wollte Gloria durch ein traditionelles Erscheinungsbild ihren Gemahl in der Öffentlichkeit unterstützen: „Zudem wollte ich, dass er stolz auf mich sein kann, wenn er seine Frau herzeigt. Irgendwann kam allerdings der Punkt, an dem ich fand, er übertreibt, er überspannt den Bogen. Er beansprucht mich zu sehr."

Gloria wurde des beständigen Reisens, der immer wiederkehrenden Gesellschaften mit anderen, aber doch sich gleichenden Leuten und Gesprächen überdrüssig. Viel lieber wäre sie zu Hause bei ihren Kindern geblieben, aber sie fühlte sich als Fürstin an der Seite des Fürsten verpflichtet, ihn zu begleiten und auf ihn aufzupassen. „Als Teenagertrotzreaktion hab ich dann angefangen, zu spät zu kommen und mich außergewöhnlich anzuziehen. Allerdings war diese extravagante Kleidung nicht unbedingt ein Zeichen schlechten Geschmacks. Es waren ja immerhin die großen avantgardistischen Modeschöpfer der damaligen Zeit, die mich ausgestattet haben."

Glorias schrille Jahre begannen im Spätsommer 1985. Mit hochtoupierten grell-bunten Sturmfrisuren und flotten Sprüchen wurde aus der biederen Ehefrau und jungen Mutter ein blaublütiger Paradiesvogel, „eine Mischung aus Punk und Edel-Käthe" und schließlich die weltweit bekannte „Princess TNT", Prinzessin Dynamit. Die Zeitschriften der „Yellow Press" rissen sich um Fotos der „ausgeflippten Durchlaucht" und in Talkshows riskierte sie mehr als nur eine Lippe. Entweder nahm man sie nicht ernst oder man verabscheute die wildgewordene adelige Betriebsnudel. So fragte die Illustrierte „Quick": „Gloria von Thurn und Taxis – Fürstin oder Clown?" Wohingegen das Magazin „Vogue" Gloria als „das Gesicht der Achtziger-Jahre" feierte. Die junge Fürstin inszenierte sich selbst, entwickelte Lust an der Provokation, am Posieren und stand nicht nur dem „Playboy" offenherzig Rede und Antwort, wenn sie meinte: „Ich errege einfach Aufsehen. Ich kann nichts dafür. Ist doch klar, dass einer auffällt, der lustig angezogen ist, wenn alle anderen langweilig daherkommen! (...) Wir uniformieren uns. Ich gehöre zu denen, die Individualisten mögen. (...) Ich finde Konvention gut. Nur dürfen wir darüber nicht vergessen, die Individualisten und Originale wie Kunstobjekte zu sammeln." Und zu einem solchen Kunstobjekt stilisierte sich Gloria in ihren schrillen Jahren. In reiferen Jahren dagegen wandelte sich Gloria von Thurn und Taxis zur „Knigge-Autorin" und veröffentlichte 2004 gemeinsam mit ihrer Freundin Donna Alessandra Borghese das Benimmbuch: „Unsere Umgangsformen. Die Welt der guten Sitten von A–Z".

In ihrer Interview-Autobiografie (2005) meint die Fürstin zu ihren vormaligen Auftritten: „Wenn ich heute sehe, wie ich mich damals angezogen habe, schäme ich mich in Grund und Boden. (...) Ich finde das so schrecklich, was ich da von mir gegeben und wie ich ausgesehen habe. (...) es ist schon verrückt, wie weit jemand in seinem Exhibitionismus gehen kann!"

Oftmals konnte die temperamentvolle Gloria ihren Mund nicht halten und plauderte öffentlich darauf los, wie ihr der fürstliche Schnabel gewachsen war. Bei einem Fernsehauftritt in einer Talkshow 2001 erregte eine Äußerung der Fürstin Riesenaufsehen. Zum Thema „Aids, Sex und Verhütung" wusste Gloria beizutragen, dass die Menschen in Afrika an Aids sterben, „weil sie zu viel schnackseln. Der Schwarze schnackselt gern!" Diese Bemerkung zur angeblich besonderen Vorliebe der Schwarzafrikaner, den Geschlechtsverkehr auszuüben, stieß in weiten Teilen der bundesdeutschen Öffentlichkeit nicht nur auf Gelächter. Manche verurteilten die fürstliche Äußerung als „rassistisch" oder schlicht als „skandalös und dumm". Gloria fühlte sich missverstanden und entschuldigte sich daraufhin öffentlich: „Ich wollte niemand kränken, ich habe zu wenig überlegt." Dennoch wurde ihr im Jahre 2001 der Preis der beleidigten Zuschauer für diesen und andere Sprüche verliehen. Am 19. Januar 2008 allerdings erhielt Gloria in Aachen den „Orden wider den tierischen Ernst". In ihrer schwungvollen Rede als „Ordens-

Ritterin“ nahm sie unter anderem Bezug auf ihre Kunst, häufig in bereitgestellte „Fettnäpfchen“ zu treten.

Den 60. Geburtstag ihres Ehemannes im Jahr 1986 wünschte Gloria mit einem großen Fest zu feiern, „wie es Regensburg noch nie gesehen hat.“ Zu diesem gesellschaftlichen Ereignis erschienen so unterschiedliche Gäste wie die Ex-Kaiserin Soraya, der „Rolling Stone“ Mick Jagger, der milliardenschwere Waffenhändler Kashoggi, Playboy Gunter Sachs mit Ehefrau Mirja, Glorias Schwester Maya mit Ehemann Mick Flick, die Wittelsbacher Franz Herzog von Bayern und Max Herzog in Bayern sowie reichlich Abkömmlinge der deutschen Adelshäuser Hohenzollern, Fürstenberg, Schaumburg-Lippe, Löwenstein und Württemberg. Das einstige Kaiserhaus von Österreich war mit Erzherzogin Regina und Josef von Habsburg vertreten. Aus Belgien, Liechtenstein, Monaco und Spanien kamen aristokratische Gäste wie abgeordnete Botschafter, um mitzufeiern. Der bayerische Ministerpräsident Franz Josef Strauß fand sich mit einigen Ministern ein, ebenso Alt-Bundespräsident Walter Scheel, der Bundespostminister Christian Schwarz-Schilling und die lokale politische Prominenz verkörpert durch Hermann Höcherl. August Everding, Bayerns Generalintendant, repräsentierte die Kunst, Verbandspräsident Rodenstock die deutsche Wirtschaft und Constantin von Heereman den Bauernverband. Insgesamt waren dreihundert Gäste ins Schloss geladen.

Über die Geburtstagsfeier hielt der offizielle fürstliche Bericht fest: „Das dreitägige private Fest Ihrer Durchlaucht, der Fürstin, und Seiner Durchlaucht, des Fürsten, begann mit einem Gala-Dinner am 4. Juni 1986 im engsten Familienkreis. Am darauf folgenden Geburtstag selbst zelebrierte Diözesanbischof Manfred Müller in St. Emmeram den Gottesdienst, den die Regensburger Domspatzen mit Mozarts Krönungsmesse umrahmten. Daran schloss sich im Südflügel des Regensburger Schlosses das Defilee der Gratulationsgäste für Seine Durchlaucht, den Fürsten, an.“ Anschließend bat die Fürstin zur festlichen Tafel. „Am Nachmittag gehörte der Schlosshof den Oberpfälzer Trachten-, Schützen- und Musikvereinen. Sie sollten die Verbundenheit des Fürstenhauses mit den Oberpfälzern farbenprächtig widerspiegeln. (...) Zuerst ertönten die Fanfaren der Haslmühler Husaren; daran schloss sich der Prolog eines Kindertrachtenpaares. Eine ‚Schützenliesl' sprach die offiziellen Glückwünsche für Seine Durchlaucht, den Fürsten, im Namen aller Trachtler und Schützen aus. Trachtenjugend und Volkstanzgruppen führten dann die Sternpolka und den Kronentanz auf. Nach Meinung der Presse wurde dadurch mit Böllerschüssen und vielstimmigen Hochrufen dem auf dem Schlossbalkon des Ostflügels stehenden Fürsten Johannes gehuldigt. Zum Abschluss intonierten alle 16 Kapellen und Spielmannszüge den Fürst-Thurn-und-Taxis-Marsch." An die 2500 Menschen waren an diesem Auftritt beteiligt.

Den nächsten Tag fuhren die Gäste per Schiff zum Kloster Weltenburg. „Den Abschluss des Tages bzw. der gesamten Geburtstagsfeier bildete der ‚Don Giovanni-Ball' in den Schlossräumen. Im Mittelpunkt dieses rauschenden Kostümballes, der eine ‚Zeitreise in die Vergangenheit' darstellen sollte, standen Auszüge aus Mozarts Oper ‚Don Giovanni'. (...) Mit dieser Opern-Inszenierung sollte das fürstliche Schloss in ein Traumland verwandelt werden." Abordnungen historischer Vereine verkörperten dabei das einfache Volk der Altvorderen. Sie traten als Schäfer, Handwerker und Bauern verkleidet im romantischen Schlosshof auf.

Gloria erschien auf dem Maskenball in einem Gewand aus der Pariser Oper, das angeblich 10 000 Dollar gekostet haben soll. Sie war als französische Königin Marie Antoinette kostümiert und balancierte einen meterhohen Haarturm auf ihrem Kopf. Nach der Kurzfassung der Mozart-Oper, dargeboten von internationalen Stars, sprang Gloria selbst auf die Bühne und sang mit rauchiger Stimme als Geburtstagsständchen für Fürst Johannes Marlene Dietrichs bekannten Song: „Johnny, wenn du Geburtstag hast, bin ich bei dir zu Gast die ganze Nacht (...)." Nicht nur die Gäste waren begeistert. Auch die elegante Zeitschrift „Madame" zeigte sich angetan: „Das Kostümfest ist die blaublütigste aller Unterhaltungen, denn wer anders als die Mächtigen von einst können sich den Luxus gestatten, sich so zu geben, wie sie wirklich sind – oder sein möchten." Die „Bunte" brachte auf acht Seiten einen Bericht über das „Fest des Jahres" mit der Überschrift: „Glorias Theater für Goldie". Und noch etwas beschäftigte die Öffentlichkeit: Gloria beschenkte ihren Gatten mit einer opulenten Geburtstagstorte in Herzform, verziert mit sechzig Penissen aus Marzipan, die sie von einem „erotischen Bäcker" hatte anfertigen lassen.

Doch allzu bald war das süße Leben des adeligen Enfant terrible vorbei. Fürst Johannes fand zwar die Modeexzesse seiner Gemahlin erheiternd bis schockierend, das wilde Partyleben allmählich aber doch ermüdend. Auch drangen Gerüchte über heftige Ehestreitigkeiten des fürstlichen Paares nach außen. Man munkelte 1988 sogar von Scheidung sowie über den krankhaften Alkoholkonsum des Fürsten. Der „Stern" berichtete: „Im Frühjahr 1989 kam es zu einem Eklat. Johannes von Thurn und Taxis war in Paris zusammengebrochen. Angeblich als Folge seines exzessiven Alkohol- und Tablettenkonsums. Man brachte ihn nach Regensburg. Von dort aus schickten ihn sein Hausarzt und Gloria in ein Sanatorium nach Zürich. (...) Den ‚Ärztebrief', der Diagnose und Therapievorschläge enthielt, hatte man dem Fürsten dummerweise mitgegeben. Der öffnete umgehend das vertrauliche Dokument. Es stand viel auf Latein drin. Aber Johannes von Thurn und Taxis, ein polyglotter Mann, verstand sofort, wovon die Rede war. Von, wie er später scheinbar belustigt erzählte, unheilbaren Gehirnschädigungen infolge Alkohol- und Medikamentenmissbrauchs und davon, dass er unzurechnungsfähig wäre. Er sei sicher, dass dies ein Komplott von Gloria war, um ihn zu entmündigen." Dazu titelte die Münchner „Abendzeitung": „Wollte Gloria ihren Goldie entmündigen lassen?" Nach einer gewaltigen Auseinandersetzung fand zwar das fürstliche Paar wieder zueinander, aber was war die Ursache für ein derartiges Vorhaben?

Fürst Johannes trank nicht nur viel, sondern litt auch unter

Schlafstörungen und Herzproblemen, die seit 1988 immer stärker wurden. Zudem weitete sich die wirtschaftliche Schieflage des Hauses mehr und mehr zu einer Existenzkrise aus. Ausgerechnet 1990, als das 500. Post-Jubiläum der Thurn und Taxis gefeiert wurde, standen diese kurz vor einer Insolvenz. Einmal hatte Fürst Johannes in einem Interview geäußert: „Ein großes Vermögen kann man nicht versaufen, nicht verhuren, nicht verfressen. Man kann es nur verdummen." Und wie es schien, war es nun soweit. 1989 lag der erwirtschaftete Jahresüberschuss deutlich unter den Ausgaben, daher kam das „Manager-Magazin" zu dem Schluss: „Thurn & Taxis lebt nur noch von seiner Substanz." Unüberschaubar geworden waren die vielfältigen Unternehmen und Beteiligungen, die sich unter dem Dach der Thurn und Taxis vereinigten. Das 1986 neu eingesetzte Management hatte aus einem bisher eher konservativen Unternehmen einen weltweit agierenden Finanzkonzern gemacht. Diese „Thurn & Taxis Welt" bestand nun aus den Unternehmensbereichen Forst- und Holzwirtschaft, Immobilien und Landwirtschaft, Finanzdienstleistung und Kapitalportfolio, Brauerei sowie Zulieferindustrie. Weltweit gab es über 4000 Angestellte, die jedoch eine zu geringe Rendite erwirtschafteten. Nun wollte das fürstliche Management dem Konzern eine andere Struktur geben. Angeblich um dereinst Erbschaftssteuern zu sparen, entstand der Plan einer Stiftung. Der sah allerdings zugleich auch wie eine „Enteignung" des Fürsten aus, welcher in dem angestrebten Stiftungsmodell kaum mehr etwas zu sagen hatte.

In diesen kritischen Zeiten griff wieder einmal eine Frau beherzt zu und stoppte den wirtschaftlichen Niedergang des Hauses. Fürstin Gloria erinnert sich: „Mein Mann hatte sich eine, sagen wir mal, sehr, sehr eigennützige Mannschaft ins Unternehmen geholt, um sein Vermögen zu verwalten. Das waren Leute, die in erster Linie daran gedacht haben, sich selber in Machtpositionen zu bringen, die auch nach seinem Tode unverrückbar sein sollten. (...) Für mich war bald klar, dass diese Leute ihn ausnützen und ihn dazu bringen wollen,

Dinge zu tun, die er vielleicht in ihrer ganzen Konsequenz aufgrund seiner damaligen Schwäche nicht überblickt. Als die gemerkt haben, dass ich die Einzige bin, die da auf der Bremse steht, wurde der Versuch gestartet, mich loszuwerden." Aber in der Stunde der Not setzte sich Gloria durch und errang das Vertrauen ihres schwer kranken Ehemannes. Letztendlich musste das führende Managertrio gehen.

Inzwischen litt Fürst Johannes an einer schlimmen Herzinsuffizienz; eine Herztransplantation wurde im Oktober 1990 unumgänglich. Noch während der Genesungsphase kam es im Dezember überraschend zu einem Rückschlag: Das neue Herz wurde vom Körper abgestoßen. Auch das zweite, bei einer Notoperation eingepflanzte Herz schlug nur 36 Stunden lang, so dass am 14. Dezember 1990 morgens um 7.22 Uhr Fürst Johannes im Klinikum Großhadern zu München starb. Zwei Wochen später nahmen die fürstliche Familie und die Öffentlichkeit mit einem feierlichen Requiem in der Basilika St. Emmeram von Johannes, dem 11. Fürsten von Thurn und Taxis, Abschied. Seine einbalsamierte Leiche, gekleidet in die rote Uniform eines Ehrenritters des Malteser-Ordens, wurde in der fürstlichen Grabkapelle beigesetzt.

Fürstinwitwe Gloria blieb allein mit ihren drei unmündigen Kindern zurück. Jetzt wurde sie – wie einst Gräfin Alexandrine und Erbprinzessin Helene – zur Vormünderin ihres erst 7-jährigen Sohnes Albert, der als 12. Fürst von Thurn und Taxis die Nachfolge antrat.

Gloria stand damit an der Spitze des Thurn-und-Taxis-Unternehmens und verwaltete das Vermögen des Alleinerben. In einem Privatstudium bei Prof. Gerhard Niemeyer von der Universität Regensburg und bei Prof. Dr. Stefan Leberfinger von der Universität München eignete sie sich Kenntnisse in Betriebswirtschaft und Unternehmensführung an, und derartig gerüstet machte sie sich daran, die marode Wirtschaft des Hauses Thurn und Taxis wieder flott zu bekommen. Ein Beirat aus erfahrenen Unternehmensberatern, Wirtschafts- und Finanzexperten sowie Juristen stand ihr dabei zur Seite.

Zu allererst fehlte es an Bargeld, um Schulden, Gehälter und die Erbschaftssteuer in zweistelliger Millionenhöhe bezahlen zu können. Sofort ging Gloria mit ihrem Beraterstab daran, die bereits vorbereiteten Pläne umzusetzen. Industrieunternehmen wurden verkauft, ebenso die Thurn-und-Taxis-Bank und 1997 zudem noch die Brauerei. Daraufhin demonstrierten an die 150 erboste Brauereiarbeiter im fürstlichen Schlosshof gegen den Verkauf und den drohenden Verlust ihrer Arbeitsplätze. Auch andere Mitarbeiter wurden „radikal entlassen", was zu einigen Arbeitsgerichtsprozessen und 1991 zur ersten Wahl eines fünfköpfigen Betriebsrates der fürstlichen Bauarbeiter, Chauffeure, Archivare und Putzfrauen führte. Einen Betriebsrat an einem Fürstenhof, das hatte es noch nie gegeben! Allerdings hagelte es bald Abmahnungen und Kündigungen, man zog vor Gericht und einigte sich schließlich mit Abfindungszahlungen.

Noch war das Sparpaket nicht vollständig geschnürt: Gloria löste den fürstlichen Hofstaat auf, reduzierte den Fuhrpark, verkaufte die Millionen-Yacht und vermarktete das riesige Schloss St. Emmeram gewinnbringend. Ein Seniorenstift, Notare und andere Bürogemeinschaften zogen als Mieter in ungenutzte Schlossräume ein. Sommerliche Freilichtspiele, ein romantischer Weihnachtsmarkt, Hochzeitsmessen und Gartenschauen bringen noch heute Geld für die fürstliche Kasse. Schmuck und andere Pretiosen, Porzellan, Gemälde, Teppiche und Antiquitäten sowie 75 000 Flaschen des ausgezeichnet sortierten Weinkellers wurden in drei Auktionen überaus gewinnbringend versteigert. Ingesamt erlöste die Fürstin an die 100 Millionen Mark aus den Versteigerungen.

Ungefähr 2200 Einzelstücke der wertvollsten Kulturgüter erwarb der bayerische Staat im Gegenwert von 44 Millionen Mark, die mit der fälligen Erbschaftssteuer verrechnet wurden. Ein einmaliges Tauschgeschäft: Erbschaftssteuerschulden gegen Kulturerbe! Der solchermaßen erworbene Thurn-und-Taxis-Schatz füllt heute die Räume eines staatlichen Museums, das in kommunaler Regie in angemieteten fürstlichen Schlossgebäuden betrieben wird.

Während viele Menschen ihren Arbeitsplatz verloren – die Zahl der fürstlichen Beschäftigten hatte sich von 4000 auf 300 verringert –, ernannte das „Manager-Magazin" die rigoros durchgreifende Fürstin zur „Managerin der Jahres". Jetzt hatte sich die einstmals schrille Gloria in eine clevere „Business-Lady" verwandelt, die über ihren Führungsstil sagt: „Ich habe eine dreiköpfige Geschäftsführung, der auch ich angehöre. (...) Entscheiden muss ich selber, aber ich lasse mich beraten, und das ist sehr gut für mich. Ich wollte nicht alleine sein." Aber: „Es geschieht nichts ohne mein Wissen."

Inzwischen ist das Haus Thurn und Taxis wieder saniert und Fürst Albert II. seit 2001 volljährig. Nach seinem Abitur, das er in Rom machte, absolvierte er den Wehrdienst und studierte Volkswirtschaft und Theologie. Der begeisterte Rennwagenfahrer überlässt jedoch weiterhin seiner Mutter die Verwaltung des Gesamtvermögens, das Fürst Albert I. bereits seinem damals noch nicht geborenen Urenkel vererbt hatte. Gegen bestimmte Auflagen wie die Fürstin zu berichten weiß: „Es steht im Testament, dass er eine akademische Ausbildung zu Ende machen und in einem ähnlich strukturierten Betrieb drei Jahre gearbeitet haben muss. Erst dann kriegt er das Vermögen übertragen." Mit dieser Erbregelung wurden die Töchter des Hauses vom Hauptvermögen ausgegrenzt. Sie erhielten nur ihren Anteil am privaten Vermögen ihres Vaters Johannes, denn über den umfangreichen Stammbesitz der Thurn und Taxis konnte dieser nicht nach Gutdünken verfügen. Auch Gloria hat nur eine bestimmte Summe bekommen, wozu sie meint: „Nein, ich hab kein Vermögen. Ich hab ein bisschen was von meinem Mann geerbt, ich kann gut leben. (...) Wir sind wohlhabend, aber es stimmt nicht, dass wir unendlich reich wären. (...) Das Einkommen aus Forst, Landwirtschaft und Immobilien geht in die Erhaltung der Kulturgüter. Es ist kein Raum mehr für riesige andere Geldausgaben. Wir erwirtschaften die Erhaltung und die Pflege unserer Schlösser. (...) So gesehen ist ein Leben in Saus und Braus im Grunde genommen nicht möglich."

Dennoch wählte ein Lifestyle-Magazin Albert II. von Thurn und Taxis 2004 zum „begehrtesten Junggesellen und Erben Deutschlands". Und das „Forbes Magazine" 2008 kürt ihn zum drittjüngsten Milliardär der Welt.

Fürstin Gloria ist eine aktive Katholikin: „Ich würde sogar sagen, der Glaube ist der Grund meines Lebenserfolges." Bereits ihre Eltern waren tief religiös und lebten ihr eine „innige Frömmigkeit" vor, die sie als Mutter an ihre eigenen Kinder weitergab. Gloria erinnert sich, dass ihre Großmutter – die Mutter ihrer Mutter – von den russischen Machthabern fünf Jahre lang eingekerkert wurde. Als sie schließlich fliehen konnte, „war sie schon so krank, dass sie den Rest ihres Lebens im Bett verbringen musste. Dennoch hat sie nie geklagt oder sich über etwas beschwert. Sie war eben eine sehr gläubige Frau und hat mir viel von ihrer Liebe zur Mutter Gottes mitgegeben."

Ganz in dieser Tradition trug Fürstin Gloria im Sommer 2004 ein T-Shirt mit dem frommen Aufdruck: „Maria zu lieben, ist all Zeit mein Sinnen." Wieder machte sie eine Wandlung durch: von der cleveren Managerin zur Marienverehrerin und zur „Moral-Ikone", wie die Tageszeitung „Die Welt" es formulierte. Als begeisterte Papst-Anhängerin, als Katholikin mit Sendungsbewusstsein tritt Gloria auch öffentlich für christliche Werte und Moralvorstellungen des konservativen Katholizismus ein. 2006 wiederbelebte Gloria von Thurn und Taxis die „Marianische Frauencongregation" in Regensburg, die sich zum Ziel setzte, treu zum Papst zu stehen und die Mutter Gottes zu verehren. Mindestens einmal im Jahr treffen sich die frommen Frauen zu einem Einkehrtag. Gloria von Thurn und Taxis steht den inzwischen etwa 300 Sodalinnen der Congregation als Präfektin vor.

Politisch orientierte sich die Fürstin an der Christlich Sozialen Union. Diese berief sie dann auch 2004 als Wahlfrau zur Wahl des Bundespräsidenten. Deutschlandweite Anerkennung fand Gloria von Thurn und Taxis am 7. September 2006 mit der Verleihung des Bundesverdienstkreuzes I. Klasse. Dabei bezeichnete sie der damalige bayerische

Ministerpräsident Edmund Stoiber als „exzellente Repräsentantin gesellschaftlichen, sozialen und karitativen Wirkens".

Rückblickend auf ihr bisheriges Leben meinte die Fürstin einmal: „Mit dreißig wurde ich erwachsen. (...) Als ich jung war, so um die 16 herum, wollte ich Rockstar werden, danach Schauspielerin. Heute kann ich sagen: Meine Position als Fürstin von Thurn und Taxis, meine Familie und mein Amt haben mich ganz und gar ausgefüllt und mir im Grunde genommen alle Freiheiten gelassen, meine Talente auszuleben."

Anhang

Abfolge der Fürstinnen und Fürsten von Thurn und Taxis

Den Fürstinnen und Fürsten gingen voraus:

Alegria Albricci († 1514)
Gemahl: **Roger von Taxis** (ca. 1445–1514/15)
Bruder des Begründers der Post Franz von Taxis (1459–1517)
Erhebung in den Reichsadelsstand 1512

Christina von Wachtendonk zu Hemissem († 1561)
Heirat: 1514
Gemahl: **Johannes Baptista von Taxis** (1470–1541)
Neffe und Erbe des Franz von Taxis (1459–1517),
Vater: Roger von Taxis (siehe oben)
Reichsadelsbestätigung und Wappenerneuerung 1534
seit 1520 kaiserlicher und königlich-spanischer Generaloberstpostmeister

Margareta Damant († 1549)
Heirat: 1546
Gemahl: **Leonhard I. Freiherr von Taxis** (1521–1612)

Louise Boisot de Rouha († 1610)
Heirat: vor 1556
Gemahl: **Leonhard I.**
1575 Generaloberstpostmeister im Heiligen Römischen Reich

Genoveva von Taxis († 1628)
Heirat: 1584
Gemahl: **Lamoral Graf von Taxis** (1557–1624)
1612 Generaloberstpostmeister im Reich, den Niederlanden, Lothringen und Burgund
1615 erblicher Generaloberstpostmeister im Reich

Alexandrine von Rye, Gräfin von Varax (1589–1666),
s. Porträt S. 9 ff.
Heirat: 1616
Gemahl: **Leonhard II. Graf von Taxis** (1594–1628)
Erbgeneralpostmeister im Reich, den Niederlanden, Lothringen und Burgund; kaiserlicher Kämmerer

Anna Franziska Eugenia Gräfin von Horn(es) (1630–1693)
Heirat: 1650
Gemahl: **Lamoral II. Claudius Graf von Taxis** (1621–1676)
1650 kaiserliche Genehmigung zur Führung des Titels eines Grafen von Thurn und Valsassina

Die erste Fürstin von Thurn und Taxis

Anna Adelheid
Prinzessin von Fürstenberg-Heiligenberg
(1659 München – 1701 Brüssel)
seit 1663 Stiftsdame des Stiftes Essen und Thorn
Eltern: Hermann Egon Fürst von Fürstenberg-Heiligenberg
⚭ Maria Franziska zu Fürstenberg-Stühlingen
Heirat: 13. November 1678 Wien
Gemahl: **Eugen Alexander (1652–1714),**
1. Fürst von Thurn und Taxis (gefürstet 1695)

Kinder:

Anselm Franz (Erbprinz, siehe unten!)

Anna Franzisca (1683–1763)
⚭ Franz Ernst Graf von Salm-Reifferscheid

Eleonora Ferdinandina (1685–1721)
⚭ Philipp Hugo Graf Manderscheid-Falkenstein

Inigo Lamoral (1686–1717), fiel im Kampf gegen die Türken unter Prinz Eugen

Anna Theresia (1689–?), 1706 als Eugenia Nonne in der kgl. Abtei St. Etienne zu Reims

Maria Godefrida (1691–1764)
⚭ Wilhelm Alexander Graf von Lannoy, Freiherr von Wignacourt

Die zweite fürstliche Gemahlin

Anna Augusta
Gräfin zu Hohenlohe-Langenburg-Schillingsfürst
(1675 Schillingsfürst – 1711 Frankfurt am Main)
Eltern: Ludwig Gustav Graf von Hohenlohe-Langenburg-Schillingsfürst ⚭ Anna Barbara von Schönborn
Heirat: 21. (22.?) November 1703 Frankfurt am Main
Gemahl: **Eugen Alexander** (wie oben!)

Kinder:

Lothar Franz (1705–1712)

Philipp Lamoral (* †1708)

Maria Josepha Franziska (* † 1711)

1702 Übersiedlung der Familie Thurn und Taxis von Brüssel nach Frankfurt a. M.; „ewiges Majorat", d.h. der gesamte fürstliche Besitz geht von nun an ungeteilt an den Erbprinzen über.

„Eine der schönsten Frauen ihrer Zeit"

Maria Ludovica Prinzessin von Lobkowitz
Herzogin zu Sagan
(1683 Baden-Baden – 1750 Regensburg)
Eltern: Ferdinand August Leopold Fürst von Lobkowitz, Herzog zu Sagan, kaiserlicher Prinzipalkommissar zu Regensburg ⚭ Maria Anna Wilhelmine Prinzessin von Baden
Heirat: 10. Januar 1703 Wien
Gemahl: **Anselm Franz (1681–1739),**
2. Fürst von Thurn und Taxis

Kinder:

Alexander Ferdinand (Erbprinz, siehe unten!)

Maria Philippine Eleonore (1705–1706)

Maria Augusta Anna (1706–1756)
⚭ Karl Alexander Herzog zu Württemberg

Christian Adam Egon Joseph (1710–1745), 1. Inhaber des Zweiten Bayerischen Chevauxlegers-Regiments „Taxis"

Die erste Gemahlin blieb Erbprinzessin

Sophie Christine Louise
Markgräfin von Brandenburg-Bayreuth
(1710 Weferlingen – 1739 Brüssel)
Konvertierte 1733 in Mainz zum katholischen Glauben
Eltern: Friedrich Karl Markgraf von Brandenburg-Bayreuth
⚭ Dorothea Herzogin von Schleswig-Holstein-Sonderburg-Beck
Heirat: 11. April 1731 Frankfurt am Main
Gemahl: **Alexander Ferdinand (1704–1773),**
3. Fürst von Thurn und Taxis

Kinder:

Carl Anselm (Erbprinz, siehe unten!)

Louise Auguste Charlotte (1734–1735)

Friedrich August (1736–1755), Inhaber des Regiment „Taxis"

Ludwig Franz Karl Lamoral Joseph (1737–1738)

Die zweite Gemahlin wurde Fürstin

Charlotte Louise
Prinzessin von Lothringen, Gräfin von Lambesc
(1724–1747 Schloss Trugenhofen)
Eltern: Ludwig II. von Lothringen ⚭ Johanna Henriette von Durfort
Heirat: 22. März 1745 Paris
Gemahl: **Alexander Ferdinand** (wie oben),
seit 1. Februar 1743 kaiserlicher Prinzipalkommissar auf dem Immerwährenden Reichstag in Frankfurt am Main (bis 20. Januar 1745)

Kinder: keine

Die dritte Gemahlin und Fürstin

Maria Henriette Josepha
Prinzessin von Fürstenberg-Stühlingen
(1732 Prag – 1772 Regensburg)
Sternkreuzordensdame
Eltern: Joseph Wilhelm Fürst von Fürstenberg-Stühlingen
⚭ Maria Anna Gräfin von Waldstein
Heirat: 21. September 1750; erste fürstliche Hochzeit in Regensburg
Gemahl: **Alexander Ferdinand** (wie oben!),
seit 1748 kaiserlicher Prinzipalkommissar auf dem Immerwährenden Reichstag zu Regensburg;
am 1. März 1748 erster Einzug des Fürsten in Regensburg,
am 7. November endgültige Übersiedlung nach Regensburg

Kinder:

Maria Theresia (1755–1810)
⚭ Ferdinand Graf von Ahlefeld-Langeland-Rixingen

Maria Anna Josepha (1766–1805)

Anna Elisabeth (1767–1822)
⚭ Karl Joseph Alois Fürst von Fürstenberg

Maximilian Joseph (1769–1831),
Stammvater der böhmischen Linie des Hauses Thurn und Taxis
⚭ Maria Eleonora Prinzessin von Lobkowitz

Die „Verbrecherische“ (s. Porträt S. 23ff.)

Augusta Elisabeth
Herzogin von Württemberg
(1734 Stuttgart – 1787 Schloss Hornberg/Schwarzwald)
Eltern: Carl Alexander, Herzog von Württemberg
⚭ Maria Augusta von Thurn und Taxis
Heirat: 3. September 1753 Stuttgart
Gemahl: **Carl Anselm (1733–1805),**
4. Fürst von Thurn und Taxis

Kinder:

Maria Theresia (1757–1776)
⚭ Kraft Ernst Fürst zu Oettingen-Wallerstein

Sophie Friederica (1758–1800)
⚭ Hieronymus Vincenz Fürst Radziwill

Henrietta Carolina (1762–1784)
⚭ Johann Alois II. Fürst zu Oettingen-Spielberg

Karl Alexander (Erbprinz, siehe unten!)

Friedrich Johann Nepomuk (1772–1805)

Die Ehefrau „zur Linken" (s. Porträt S. 42 ff.)

Elisabeth Frau von Train,
geb. Hillebrand (Hildebrand)
(1757 Berchtesgaden – 1841 Regensburg)
Eltern: Adam (Rupert) und Ursula (Eva) Hillebrand
Heirat: 1787 (morganatisch)
Gemahl: **Carl Anselm (wie oben)**

Kinder:

Joseph Karl (1787–1851)
⚭ Anna Maria von Schönprunn aus Miltach

Elisabeth war als Ehefrau „zur Linken" keine Fürstin und trug nicht einmal den Namen Thurn und Taxis.

Der „einzige Mann im fürstlichen Hause"
(s. Porträt S. 57 ff.)

Therese Mathilde
Herzogin von Mecklenburg-Strelitz
(1773 Hannover – 1839 Schloss Taxis)
Eltern: Karl II. Herzog von Mecklenburg-Strelitz ⚭
Friederike von Hessen-Darmstadt
Heirat: 25. Mai 1789 Neustrelitz
Gemahl: **Karl Alexander (1770–1827),**
5. Fürst von Thurn und Taxis,
letzter Prinzipalkommissar am Immerwährenden Reichstag zu Regensburg

Kinder:

Georg Karl (1792–1795)

Maria Theresia (1794–1874)
⚭ Paul Anton Fürst Esterházy von Galántha

Maria Sophia Dorothea (1800–1870)
⚭ Paul Wilhelm Herzog von Württemberg

Maximilian Karl (Erbprinz, siehe unten!)

Friedrich Wilhelm (1805–1825).

„Eine anmutige, herrliche Gestalt" (s. Porträt S. 83 ff.)

Wilhelmine Caroline Christiane Henriette, genannt Mimi
Freiin von Dörnberg
(1804 Ansbach – 1835 Nürnberg)
Eltern: Konrad Heinrich Ernst Freiherr von Dörnberg
⚭ Sophie Ernestine Wilhelmine Freiin von Glauburg
Heirat: 24. August 1828 Regensburg
Gemahl: **Maximilian Karl (1802–1871),**
6. Fürst von Thurn und Taxis

Kinder:

Karl Wilhelm (* † 1829)

Therese Mathilde Amalie (1830–1883)
⚭ (1) Alfred III. Herzog von Beaufort-Spontin
⚭ (2) Wilhelm von Pirch zu Wobenstein

Maximilian Anton (Erbprinz 1831–1867)
⚭ Helene Herzogin in Bayern (1834–1890, siehe unten!)

Egon Maximilian (1832–1892)
⚭ Victoria Lázár de Ecska, geb. Edelspacher de Gyorok

Theodor Georg (1834–1876)
⚭ Melanie Freiin von Seckendorff

Die Kinderreiche

Mathilde Sophie
Prinzessin zu Oettingen-Oettingen und Oettingen-Spielberg
(1816 Oettingen – 1886 Obermais bei Meran)
Eltern: Johann Alois III. Fürst zu Oettingen-Oettingen und Oettingen-Spielberg ⚭ Amalia von Wrede
Heirat: 24. Januar 1839 Oettingen
Gemahl: **Maximilian Karl (wie oben)**

Kinder:

Otto (1840–1878)
⚭ Maria de Fontelive-Vergne Freifrau von Pernstein

Georg (1841–1874)
⚭ Anna Frühwirth

Paul (später genannt „von Fels", 1843–1879)
⚭ Elise Kreutzer

Amalie (1844–1867) ⚭ Otto Graf von Rechberg
und Rothemlöwen zu Hohenrechberg

Hugo (1845–1873)

Gustav (1848–1914)
⚭ Karoline Prinzessin von Thurn und Taxis

Adolf (1850–1890) ⚭ Franziska Grimaud Gräfin von Orsay

Franz (1852–1897) ⚭ Theresia Grimaud Gräfin von Orsay

Nikolaus (1853–1874)

Alfred (1856–1886)

Marie Georgine (1857–1909)
⚭ Wilhelm, 4. Fürst von Waldburg zu Zeil und Trauchburg

Keine Fürstin – die Erbprinzessinwitwe (s. Porträt S. 107 ff.)

Helene Carolina Therese
Herzogin in Bayern
(1834 München – 1890 Regensburg)
Eltern: Maximilian Herzog in Bayern ⚭ Ludovika Prinzessin von Bayern
Heirat: 24. August 1858 Possenhofen
Gemahl: **Erbprinz Maximilian Anton (1831–1867)**

Maximilian Anton starb vor seinem Vater, deshalb trat die Nachfolge später sein Sohn Maximilian Maria an. Da dieser früh das Zeitliche segnete und ohne Nachkommen blieb, folgte ihm sein Bruder Albert als Fürst nach.

Vormünderin für die Söhne:

Maximilian Maria (1862–1885),
7. Fürst (ab 1871) von Thurn und Taxis

Albert I. (1867–1952), 8. Fürst von Thurn und Taxis
⚭ Margarete Erzherzogin von Österreich (siehe unten)

Weitere Kinder:

Luisa Mathilde (1859–1948)
⚭ Friedrich Eugen Prinz von Hohenzollern-Sigmaringen

Elisabeth Maria (1860–1881)
⚭ Don Miguel Infant von Portugal, Herzog von Braganza

Künstlerin und Krankenschwester (s. Porträt S. 127 ff.)

Margarete
Erzherzogin von Österreich
(1870 Alcsút – 1955 Regensburg)
Eltern: Joseph Karl Ludwig, Erzherzog von Österreich
und Palatin von Ungarn (1833–1905)
⚭ Clothilde Marie Prinzessin von Sachsen-Coburg-Gotha,
Herzogin von Sachsen (1846–1927)
Heirat: 15. Juli 1890 Budapest
Gemahl: **Albert I. (1867–1952),**
8. Fürst (ab 1885) von Thurn und Taxis

Kinder:

Franz Joseph (1893–1971)
⚭ Elisabeth von Braganza

Karl August (1898–1982)
⚭ Maria von Braganza

Louis Philipp (1901–1933)
⚭ Elisabeth von Luxemburg

Pater Emmeram (1902–1994)

Elisabeth Helene (1903–1976)
⚭ Friedrich von Sachsen

Raphael (1906–1993)
⚭ Margarethe von Thurn und Taxis

Philipp Ernst (1908–1964)
⚭ Eulalia von Thurn und Taxis

Die ältere portugiesische Schwester

Elisabeth
Prinzessin von Braganza, Infantin von Portugal
(1894 Kleinheubach – 1970 Regensburg)
Eltern: Michael Herzog von Braganza ⚭ Maria Therese Prinzessin zu Löwenstein-Wertheim-Freudenberg
Heirat: 23. November 1920 Schloss Bronnbach
Gemahl: **Franz Joseph (1893–1971), 9. Fürst von Thurn und Taxis**

Kinder:

Erbprinz Gabriel (1922–1942)

Helene (1924–1991)
⚭ Rudolf Graf von Schönborn-Wiesentheid

Maria Theresia (* 1925)
⚭ Franz Graf von Oppersdorff

Maria Ferdinanda (* 1927)
⚭ Franz Joseph Prinz von Hohenzollern

Da Erbprinz Gabriel 1942 im Zweiten Weltkrieg fiel, ging das Erbe nach dem Tode seines Vaters 1971 auf dessen Bruder Karl August (siehe unten) über.

Die jüngere portugiesische Schwester

Maria Anna
Prinzessin von Braganza, Infantin von Portugal
(1899 Schloss Fischhorn bei Salzburg – 1971 Regensburg)
Eltern: s. oben
Heirat: 18. August 1921 Regensburg
Gemahl: **Karl August (1898–1982), 10. Fürst von Thurn und Taxis**

Kinder:

Clothilde (* 1922)
⚭ Johann Moritz Prinz von und zu Liechtenstein

Mafalda (1924–1989)
⚭ Franz Prinz von Thurn und Taxis

Erbprinz Johannes (1926–1990)
⚭ Mariae Gloria (s. unten).

Fürstin, Fürstinwitwe, Fürstinmutter (s. Porträt S. 151 ff.)

Mariae Gloria
Gräfin und Herrin von Schönburg-Glauchau
(* 1960)
Eltern: Joachim Heinrich Graf von Schönburg-Glauchau
⚭ Beatrix Gräfin Szechenyi
Heirat: 30. Mai 1980 Regensburg
Gemahl: **Johannes (1926–1990),**
11. Fürst von Thurn und Taxis

Kinder:

Maria Theresia (* 1980)

Elisabeth (* 1982)

Albert II. (* 1983), 12. Fürst von Thurn und Taxis

Stammtafel Fürsten von Thurn und Taxis

Albert II. (* 1983)

↑

Johannes (1926–1990)
⚭ Mariae Gloria Gfn. u. Herrin v. Schönburg-Glauchau (* 1960)

Erbprinz Gabriel (1922–1942)

↑

Karl August (1898–1982)
⚭ Maria Anna v. Braganza, Infantin v. Portugal (1899–1971) ← Brüder — Franz Joseph (1893–1971)
⚭ Elisabeth v. Braganza, Infantin v. Portugal (1894–1970)

↑

Albert I. (1867–1952)
⚭ Margarete Erzhzgn. v. Österreich (1870–1955) ← Brüder — Maximilian Maria (1862–1885)

↑

Erbprinz Maximilian Anton (1831–1867) ⚭ Helene Hzgn. in Bayern (1835–1890)

↑

Maximilian Karl (1802–1867) ⚭ Wilhelmine Freiin v. Dörnberg (1803–1835)

↑

Karl Alexander (1770–1827) ⚭ Therese Hzgn. v. Mecklenburg-Strelitz (1773–1839)

↑

Carl Anselm (1733–1805) ⚭ Augusta Hzgn. v. Württemberg (1734–1787)

↑

Alexander Ferdinand (1704–1773) ⚭ Sophie Mgfn. v. Brandenburg-Bayreuth (1710–1739)

↑

Anselm Franz (1681–1739) ⚭ Maria Ludovika Przn. v. Lobkowitz (1683–1750)

↑

Eugen Alexander 1. Fürst v. Thurn u. Taxis (1652–1714) ⚭ Anna Adelheid Przn. v. Fürstenberg-Heiligenberg (1658–1701)

↑

Lamoral Claudius Gf. v. Thurn und Taxis (1621–1676) ⚭ Anna Franziska Eugenia Gfn. v. Horn († 1693)

↑

Leonhard II. Gf. v. Taxis (1594–1628) ⚭ Alexandrine v. Rye, Gfn. v. Varax (1589–1666)

↑

Lamoral Gf. v. Taxis (1557–1624) ⚭ Genoveva v. Taxis († nach 1627)

↑

Leonhard I. Frh. v. Taxis (1521–1612) ⚭ Louise Boisot de Rouha († 1610)

↑

Johannes Baptista v. Taxis (1470–1541) ⚭ Christina v. Wachtendonk zu Hemissem († 1561)

↑

Roger v. Taxis (1445–1514)
⚭ Alegria Albricci († 1514) ← Brüder — Franz v. Taxis (1459–1517)
⚭ ?
Begründer der Taxis-Post

Quellen und Literatur

Zu den einzelnen Porträts

Alexandrine von Rye S. 9 ff.

Quellen

Fürstliches Zentralarchiv Regensburg, Freytagiana 24 (Abschriften von Briefen und Dokumenten betr. Alexandrine von Rye); Freytagiana 128a (Stammtafeln).

Literatur

Behringer, Wolfgang: Thurn und Taxis. Die Geschichte ihrer Post und ihrer Unternehmen. München u. Zürich 1990 (hier besonders: Alexandrine von Taxis als Leiterin der Post im Dreißigjährigen Krieg, S. 89ff.).

Bossi Fedrigotti, Anton Graf: Alexandrine, Gräfin von Rye. In: Deutsches Adelsblatt, 16. Jg., Nr. 6, 1977, S. 125–127.

Dallmeier, Martin / Schad, Martha: Das Fürstliche Haus Thurn und Taxis. 300 Jahre Geschichte in Bildern. Regensburg 1996 (hier besonders: Fürst Eugen Alexander, S. 13–26).

Janssens, Luc / Meurrens, Marc (Hrsg.): De Post van Thurn und Taxis, 1489–1794, Brüssel 1992 (hier besonders: Alexandrine de Tassis als hoofd van de post tijdens de „Grote Oorlog", S. 31ff).

Kalmus, Ludwig: Weltgeschichte der Post. Wien 1937 (hier besonders Kap. II.).

Korzendorfer, A.: Alexandrine von Taxis, Generalpostmeisterin des Deutschen Reiches während des Dreißigjährigen Krieges. In: Deutsche Verkehrs-Zeitung 58, 1934, S. 638f.

Piendl, Max: Die fürstlichen Wirkteppiche und ihre Geschichte, Kallmünz o. J.

Rübsam, Joseph: Biographische Skizzen über Glieder des fürstlichen Hauses Thurn und Taxis. Sonderdruck aus dem Bande 37 der ADB, Leipzig 1894 (hier: Eugen Alexander Fürst von Thurn und Taxis, S. 484ff; Franz von Taxis, S. 488ff.)

Walz, Anke: Die Reichspost unter dem Reichspostgeneralat von Alexandrine von Taxis in Vormundschaft für ihren Sohn Lamoral Claudius (1628–1646). Masch. Magisterarbeit 2001.

Woman Postmaster General, Artikel in: The Washington Post, 28. May 1911.

Augusta von Württemberg S. 23 ff.

Quellen

Fürstliches Zentralarchiv Regensburg, Haus- und Familiensachen Nr. 3643 (betr. Maria Auguste, Brief v. 7. Mai 1751), Nr. 3644 (betr. Maria Auguste und ihre Tochter Augusta, Brief v. 13. Febr. 1754), Nr. 3645 (Schriftwechsel wegen ehelicher Unstimmigkeiten, 1756), Nr. 3654 (betr. Misshelligkeiten zw. Augusta u. Carl Anselm1763/64), Nr. 3673 (Briefe der Sophie La

Roche v. 1776 Fürstin Augusta betr.), Nr. 3674 (Bericht an den kaiserlichen Hof nach Wien 1776), Nr. 3702 (betr. Trauerfeier für Fürstin Augusta 23. Juni 1787).

Gumpelzhaimer, Christian Gottlieb: Regensburg's Geschichte, Sagen und Merkwürdigkeiten. 4 Bände, hier Bd. 3 (1618–1790), Regensburg 1838.

Literatur

Adlhoch, Gabriele: Die Ankunft von Alexander Ferdinand von Thurn und Taxis mit seiner Mutter, 1748. In: Feste in Regensburg, S. 351f.

Dallmaier, Martin: Residenzen – Frankfurt am Main, In: 500 Jahre Post (Ausstellungskatalog), S. 95.

Das Haus Württemberg. Ein biographisches Lexikon. Hrsg. v. Sönke Lorenz, Dieter Mertens und Volker Press, Stuttgart u. a. 1997.

Hitzfeld, Karl Leopold: Hornberg an der Schwarzwaldbahn. Vergangenheit und Gegenwart der Stadt des Hornberger Schießens. Hornberg 1970.

Pfaff, Karl: Geschichte des Fürstenhauses und des Landes Wirtemberg. 3. Theil, 2. Abt., Stuttgart 1839.

Pfister, Albert: Herzog Karl Eugen von Württemberg und seine Zeit. 2 Bände, Eßlingen 1907.

Reiser, Rudolf: Adeliges Stadtleben im Barockzeitalter. MBM Heft 17, München 1969. – Ders.: Die Thurn und Taxis. Das Privatleben einer Fürsten-Dynastie. Regensburg 1998.

Rübsam, Joseph: Biographische Skizzen über Glieder des fürstlichen Hauses Thurn und Taxis. Sonderdruck (aus dem Bande 37 der ADB), Leipzig 1894 (betr. Fürst Alexander Ferdinand und Fürst Karl Anselm von Thurn und Taxis).

Vehse, Eduard: Süddeutsche Fürstenhöfe. Band II: Der württembergische und der badische Hof. Karlsruhe 1921.

Vely, E.: Herzog Karl von Württemberg und Franziska von Hohenheim. Stuttgart 1876.

Wagner, Karlheinz: Herzog Karl Eugen von Württemberg. Stuttgart u. München 2001.

Weber, Karl von: Die Fürstin von Thurn und Taxis. 1775. In: Aus vier Jahrhunderten. Mittheilungen aus dem Hauptstaatsarchive zu Dresden, 2 Bände, 1. Band, Leipzig 1857, S. 323–327.

Elisabeth von Train S. 42 ff.

Quellen

Bischöfliches Zentralarchiv Regensburg, Taufregister St. Rupert / St. Emmeram

Bischöfliches Zentralarchiv Regensburg, Pfarrakten Train Nr. 19 (betr. Elisabeth von Train)

Bischöfliches Zentralarchiv Regensburg, Pfarrarchiv Train, Nr. 22 (Schloßkapelle), Nr. 24 (Benefiziatenhaus), Nr. 95 (Varia vor 1850, Vergantung des Gutes Train)

Fürstliches Zentralarchiv Regensburg, Haus- und Familiensachen, Nr. 673, Nr. 1788, Nr. 2132, Nr. 2213, Nr. 2214, Nr. 2226, Nr. 2258, Nr. 2281, Nr. 2283, Nr. 3701, (betr. Elisabeth von Train u. Joseph Karl von Train)

Literatur

Brielmaier, Peter: Schikaneder in Regensburg, Theaterdirektor mit Sinn für Effekte. In: Mittelbayerische Zeitung, Beilage Ostern 1991.

Europäische Stammtafeln, Neue Folge, hrsg. v. Detlev Schwennicke, Bd. V.: Standesherrliche Häuser II, Frankfurt a. M. 1988.

Huber, Franz: Train im Sturm der Jahrhunderte. Train 1995.

Kammermayer, Max: Emanuel Schikaneder und seine Zeit. Grafenau 1992.

Komorzynski, Egon: Emanuel Schikaneder. Ein Beitrag zur Geschichte des Deutschen Theaters. Wien 1951.

Lindner, Hanns: Joseph Karl von Train. Ein Vielschreiber aus der ersten Hälfte des 19. Jahrhunderts. In: Börsenblatt für den Deutschen Buchhandel Nr. 61, 2001; Aus dem Antiquariat 7/2001, 390ff.

Prechtl, J.B.: Beiträge zur Geschichte des Marktes Siegenburg und der Schlösser Train und Ratzenhofen in Niederbayern. In: Verhandlungen des Historischen Vereins für Niederbayern, Landshut 1869, Bd. 14, S. 289ff.

Schmeller, Andreas: Bayerisches Wörterbuch, 1877/1939.

Sonnek, Anke: Emanuel Schikaneder. Theaterprinzipal und Stückeschreiber. Kassel 1999 (= Schriftenreihe der Internationalen Stiftung Mozarteum Salzburg, Bd. 11; zugl. Diss. Heidelberg 1996).

Therese von Mecklenburg-Strelitz S. 57 ff.

Ungedruckte Quellen

Fürstliches Zentralarchiv Regensburg (FZA):

Haus- und Familiensachen 3705, betr. Verlobung und Heirat des Erbprinzen Karl Alexander von Thurn u. Taxis mit Prinzessin Therese von Mecklenburg-Strelitz (1788/89).

Haus- und Familiensachen 3709, Selbstkritik der Erbprinzessin Therese von Thurn und Taxis, 1789, mit Nachträgen aus dem Jahre 1793.

Haus- und Familiensachen 3748, Materialien zur Geschichte der Fürstin Therese von Thurn und Taxis (1796–1799).

Haus- und Familiensachen 3763, Materialien zur Geschichte der Fürstin Therese (1800–1804).

Haus- und Familiensachen 3767, Auszug aus Vehse, Eduard: Geschichte der kleinen deutschen Höfe, S. 162–165 (1801).

Haus- und Familiensachen 3819, Tagebuch der Fürstin Therese über die Reise nach Paris (1807).

Haus- und Familiensachen 3845, betr. Georg von Stockau.

Haus- und Familiensachen 3857, betr. Amalie Stargard (aus den Erinnerungen des bayerischen Gesandten Graf Hugo von Lerchenfeld, 1934).

Haus- und Familiensachen 4144, 4155, 4146, betr. Thereses Nachlass und Vermächtnisse.

Haus- und Familiensachen 4375, Briefe der Fürstin Therese an ihren Bruder Georg von Mecklenburg-Strelitz (Abschriften), 1806–1814.

Gedruckte Quellen

Hoffmann, Wilhelm: Trauerrede zum Ehrengedächtnisse Ihrer Hoheit der durchlauchtigsten Fürstin und Frau, Frau Therese Mathilde Amalie, ver-

wittweten Fürstin von Thurn und Taxis, gebornen Herzogin von Mecklenburg-Strelitz, gehalten den 21. Februar 1839 in der Dreieinigkeitskirche zu Regensburg. Regensburg 1839.
Kayser, Albrecht Christoph: Beschreibung der Feierlichkeiten, welche des regierenden Herrn Reichsfürsten Carl Anselm von Thurn und Taxis, hochfürstliche Durchlaucht bey der Ankunft den Neuvermählten Ehepaares: Höchstihres Durchlauchtigsten Erbprinzen Carl Alexander und der Durchlauchtigsten Prinzeßin Theresia Mathilda Amalia gebohrenen Herzogin zu Mecklenburg auf dem Schloß Trugenhofen zu geben geruhten. Regensburg 1789. – Ders.: Charlottens Ankunft in der beßern Welt. Trostschrift 1790.
Krämer, August: Friedrich Wilhelm, Prinz von Thurn und Taxis. Ein biographisches Denkmal. Regensburg 1826. (FHB PrD 1826). – Ders.: Taxis Ehre; oder die Umwandlung des Namens: Schloss Trugenhofen in Schloss Taxis. Eine Dichtung, mit beigefügten Erläuterungen zur Geschichte des Hochfürstlichen Hauses Thurn und Taxis. Regensburg 1823 (FHB PrD 1823).

Literatur

Appl, Tobias: Therese von Thurn und Taxis. Eine selbstbewusste Protestantin etabliert sich in ihrem katholischen Umfeld. In: „Der Weg führt durch Gassen…", hrsg. v. Th. Bauer und P. Styra, Regensburg 1999, S. 12–31.
Bauer, Thilo: Freimaurerei in Regensburg. Regensburg 2001.
Bauknecht, Anna: Das Porträt der Fürstin Therese von Thurn und Taxis von François Gérard. Ein Empireporträt in seinem Kontext. Magisterarbeit der Universität Regensburg 2005.
Dünninger, Eberhard: Therese von Thurn und Taxis und die Dichter. Literarische Interessen einer Fürstin an der Wende vom 18. zum 19. Jahrhundert. In: Reichsstadt und Immerwährender Reichstag (1663–1803), Thurn und Taxis Studien, Bd. 20, 2001, S. 109ff.
Feuerstein-Praßer, Karin: Die preußischen Königinnen. Darin: Luise von Mecklenburg-Strelitz (S. 226ff.). Regensburg 2000 u. München TB 2003.
Freitag, Rudolf: Die Beziehungen des Hauses Thurn und Taxis zu Napoleon im Jahre 1804. In. Archiv für Post und Telegraphie 48, 1920, S. 6–9.
Gélieu, Claudia von: Die Erzieherin von Königin Luise – Salomé de Gélieu. Regensburg 2007.
Gersdorff, Dagmar: „Den vier schönen und edeln Schwestern auf dem Throne" – Charlotte, Therese, Luise und Friederike, Prinzessinnen von Mecklenburg-Strelitz. Zwei Fürstinnen – zwei Königinnen. In: Deutsche Schwestern. Vierzehn biographische Porträts, hrsg. v. Katharina Raabe, Berlin 1997, S. 13–40.
Grillmeyer, Siegfried: „Wie steht es mit dem Gerücht, daß der Fürst Regensburg verläßt?" – Das Fürstenhaus Thurn und Taxis und die „Wohnsitzfrage" nach 1800. In: Reichsstadt und Immerwährender Reichstag (1663–1806), Thurn und Taxis Studien Bd. 20, Kallmünz 2001, S. 77ff.
Panzer, Marita A.: Die Große Landgräfin Caroline von Hessen-Darmstadt. Regensburg 2005. – Dies.: Englands Königinnen. Von den Tudors zu den Windsors. Regensburg 2001 u. München TB 4. Aufl. 2007.
Reiser, Rudolf: Mathilde Therese von Thurn und Taxis (1773–1839). In: ZBLG 38, 1975, S. 739–748.
Stinshoff, Hanne: Therese Mathilde von Thurn und Taxis. Eine biographi-

sche Studie zur Entwicklung des Hauses Thurn und Taxis von der Mediatisierung bis zum Wiener Kongress (1806–1815). Magisterarbeit der LMU München 1995.
Wilm, Emanuela: Das Haus Thurn und Taxis auf dem Wiener Kongress. Der Kampf um die Posten und die Remediatisierung. Magisterarbeit der LMU München 1986.

Wilhelmine von Dörnberg S. 83 ff.

Ungedruckte Quellen

Fürstliches Zentralarchiv Regensburg (FZA):
Haus- und Familiensachen Nr. 4053 (Brief der Friederike von Mecklenburg-Strelitz v. 21./23. Juli 1827)
Haus- und Familiensachen Nr. 4087 (Geschichten aus Hosangs Nebenstunden)
Haus- und Familiensachen Nr. 4088 (Briefwechsel des Freiherrn v. Dörnberg mit Oberjustizrat Dr. Liebel wegen Porträt der Fürstin Wilhelmine)
Haus- und Familiensachen Nr. 4106 (Nekrolog Freiherr von Dörnberg, † 20. Febr. 1833; Nekrolog Wilhelmine Fürstin von Thurn und Taxis, † 14. Mai 1835, verfasst von Julie von Zerzog).
Haus- und Familiensachen Nr. 4113 (Briefe des Regierungspräsidenten Eduard von Schenk an König Ludwig I. von Bayern 1835).
Haus- und Familiensachen Nr. 4114 (Courtoisieschreiben v. 19. Mai 1835 betr. Tod der Fürstin Wilhelmine).
Haus- und Familiensachen Nr. 4115 (Beileidsschreiben v. 23. Mai 1835 an Fürstinwitwe Therese von Thurn und Taxis zum Tode ihrer Schwiegertochter Wilhelmine).
Haus- und Familiensachen Nr. 4123 (Der deutsche Fürst Maximilian Karl von Thurn und Taxis, Aufsatz in: Vaterländisches Archiv, Jg. 1837, S. 367f.).
Haus- und Familiensachen Nr. 4128 (Abschrift eines Berichts der Regensburger Zeitung Nr. 149 v. 24. Juni 1837 über das Schiffsunglück in Donaustauf und die Hilfsleistung des Fürsten Maximilian Karl).
Stadtarchiv Regensburg, Nachlass Dörnberg, Nr. 18 (Briefe Wilhelmines an ihren Bruder Ernst von Dörnberg, 1820–22, 1828/29; 1835); Nr. 94 (Briefe Maximilian Karl von Thurn und Taxis an Wilhelmine von Dörnberg 1826–1827); Nr. 95 (Brief Wilhelmine von Dörnbergs an Fürstin Therese von Thurn und Taxis ca. 1827/28).

Gedruckte Quellen

Todesanzeige Fürstin Wilhelmine, Regensburg, 15. Mai 1835 (Fürstl. Hofbibliothek 8/K- PrD 129)
Gampert, Philipp Friedrich, Dr.: Trauerreden zum Ehrengedächtnisse der Durchlauchtigsten Frau Fürstin, Wilhelmine von Thurn und Taxis, gehalten den 17. und 21. May 1835. Regensburg 1835. (Fürstl. Hofbibliothek 8/K – PrD 109)

Literatur

Dolhof, Joseph: „Ökumenisches" Begräbnis für eine Fürstin. In: Altbayerische Heimatpost 32, 11/1980, S. 4.

Rübsam, Joseph: Maximilian Karl von Thurn und Taxis. In: ADB 37, Leipzig 1894, S. 518f.

Schmidt, Wolfgang: Zur Geschichte der Grafen von Dörnberg in Regensburg 1817 bis 1897. Studien und Quellen zur Geschichte Regensburgs 6, 1991.

Staudinger, Ulrike: Die ‚Bildergalerie' Maximilian Karls von Thurn und Taxis. (Thurn und Taxis-Studien, Bd. 17, 1990). – Dies.: Das Herzbegräbnis der Fürstin Wilhelmine von Thurn und Taxis. In: Münchner Jahrbuch der bildenden Kunst, 3. Folge, Bd. 17, 1991 (Sonderdruck München), S. 148–167.

Wipf, Hans Ulrich: Der erste Schaffhauser Ehrenbürger: S. D. Fürst Maximilian Karl von Thurn und Taxis. In: Postgeschichte und klassische Philatelie des Kantons Schaffhausen, hrsg. v. Rudolf C. Rehm, Schaffhausen 1987, S. 97–104.

Helene Herzogin in Bayern S. 107 ff.

Ungedruckte Quellen

Fürstliches Zentralarchiv Regensburg (FZA):

Haus- und Familiensachen Nr. 4186 (Hochzeitslieder), 4187 (Briefe 1858–1890), 4200 (Christl. Mütterverein, 1876), 4203 (Briefe an Helene 1878–1882), 4206 (Gedichte auf Maximilian Maria 1883/85).

Urkunden Nr. 1268 (Ehevertrag).

Anmerkung: Ein Gutteil des schriftlichen Nachlasses der Erbprinzessin Helene wurde verbrannt. Die einschlägigen Bestände im Wittelsbacher Hausarchiv (Bayer. Hauptstaatsarchiv München, Abt. IV) sind leider noch nicht erschlossen und daher nicht einsehbar.

Gedruckte Quellen

Redwitz, Marie Freiin von: Hofchronik 1888–1921. München 1924.

Schratz, W.: Maximilian, Fürst von Thurn und Taxis. (Nekrolog). In: Verhandlungen des Hist. Vereins für Oberpfalz und Regensburg, Bd. 40/N.F. Bd. 32, 1886, S. 259–262.

Literatur

Bestenreiner, Erika: Sisi und ihre Geschwister. München 2002.

Corti, Egon Caesar Conte: Elisabeth. Die seltsame Frau. Wien 1934.

Dreyer, Aloys: Herzog Maximilian in Bayern. München 1909.

Größing, Sigrid-Maria: Zwei Bräute für einen Kaiser. Regensburg 1999. – Dies.: Sisi und ihre Familie. Wien 2005.

Hamann, Brigitte: Elisabeth. Kaiserin wider Willen. Wien/München 9. Aufl. 1988.

Witzleben, Hermann von und Vignau, Ilka von: Die Herzöge in Bayern. München 1976.

Margarete Erzherzogin von Österreich S. 127 ff.

Ungedruckte Quellen

Fürstliches Zentralarchiv Regensburg:

Haus- und Familiensachen Nr. 4255, 4259, 4261, 4263, 4265, 4266 (Briefe und Karten meist ehemaliger Pfleglinge des Lazaretts Ostheim an I. K. K. H. die Frau Fürstin Margarete von Thurn und Taxis, 1927–1932).

Freytag, Dr. (fürstl. Archivar): Tagebuch über die Ereignisse am fürstlichen Hofe in Regensburg, 1918–1920. (Freytagiana 57).

Gedruckte Quellen

Das Fürstliche Haus Thurn und Taxis. In: Karthäuser Blätter Jg. 2, Nr. 11, S. 2–4 (betr. Fürstin Margarete; Fürstl. Hofbibliothek 4/K – PrD 126).

Die Plastik. Illustrierte Zeitschrift für die gesamte Bildhauerei und Bildnerei, Heft 11, München 1913. Darin: Artikel über Fürstin Margarete von Thurn und Taxis, S. 94 (Fürstl. Hofbibliothek, 4 PrD 2).

E.T.: Gemäldeausstellung in der Theresienruhe. In: Regensburger Anzeiger Nr. 165, v. 8. April 1922.

Festaufsätze verschiedener Zeitungen und Zeitschriften anläßlich der Diamantenen Hochzeit S. H. D. Albert u. I. K. K. H. der Fürstin Margarete von Thurn und Taxis. 15.7.1950. (Fürstl. Hofbibliothek 2/K – PrD 51).

Festschriften Rübsam, Sammelband, betr. Fürst Albert und Fürstin Margarete (Fürstl. Hofbibliothek G. 8237 fol.)

Freitag, Rudolph: Margarete, Fürstin von Thurn und Taxis. In: Kunst und Handwerk 81. Jg. Nr. 736, München (1931). (Fürstl. Hofbibliothek 4/K PrD 125). – Ders.: Zum 60. Geburtstage I. K. K. Hoheit der Frau Fürstin Margarete von Thurn und Taxis. (Fürstl. Hofbibliothek 8/K – PrD 165).

Papesch, Walter, Dr. med.: Fürstenhochzeit. Masch. Regensburg 1950. (Fürstliche Hofbibliothek 4/K – PrD 59).

Rainer, Rudolf von: Seltenes Jubiläum einer Reiterin. In: Sankt Georg, Fachzeitschrift für Pferdezucht und Pferdesport, 51. Jg., Nr. 5, Düsseldorf 1. Juni 1950, S. 20.

Redwitz, Marie Freiin von: Hofchronik 1888–1921. München 1924.

Rübsam, Dr.: Margarete Klementine Maria Fürstin von Thurn und Taxis. Kurzbiographie, masch. 1908 (Fürstl. Hofbibliothek 2/K – PrD 28).

Rübsam, Josef: Festblatt zum 150. Residenzjubiläum S. D. des Fürsten Albert 6. Mai 1899 samt Lebensskizze des Fürsten Albert und I. K. K. H. der Fürstin Margarete. In: Regensburger Anzeiger, Jubiläums-Ausgabe 6. Mai 1899 (Fürstl. Hofbibliothek G. 8237). – Ders.: Festschriften-Sammelband. Darin: Zur Vermählung Sr. Durchlaucht des Fürsten Albert Maria Lamoral von Thurn und Taxis ... u.v.m. (Fürstl. Hofbibliothek G. 8237).

Sammlung von Zeitungsartikeln zum Ableben I.K. u. K.H. Margarete Fürstin von Thurn und Taxis am 2. Mai 1955. Darin auch: Trauerrede, Nachruf, Hoftrauer u.ä. (Fürstl. Hofbibliothek 4/K – PrD 129).

Sport und Salon. Illustrierte Zeitschrift für die vornehme Welt. Wien 4. Jg., 2. Mai 1901, Nr. 18, darin: Artikel über Fürst Albert und Fürstin Margarete von Thurn und Taxis. (Fürstl. Hofbibliothek 2/K – PrD 25).

Zeitschriftensammlung Dr. Freytag 1918ff (Fürstl. Zentralarchiv Sign. 4–

1080), darin: Regensburger Sonntagsblatt v. 8. Mai 1927: Zum 60. Geburtstag Seiner Durchlaucht des Fürsten Albert von Thurn und Taxis.
Zum 60. Geburtstage Ihrer Kaiserlichen und Königlichen Hoheit der Durchlauchtigsten Frau Fürstin Margarete von Thurn und Taxis. Sonderdruck, Regensburger Anzeiger Nr. 183 v. 5. Juli 1930. (Fürstl. Hofbibliothek 4/K 1527).
Zum 60. Geburtstag I. K. K. Hoheit der Durchlauchtigsten Frau Fürstin Margarete von Thurn und Taxis, Erzherzogin von Österreich, königliche Prinzessin von Ungarn. In: Wiener Salonblatt. Internationale Gesellschaftsrevue 61. Jg., Nr. 16, 3. Aug. 1930, S. 5f.

Literatur

Atlas der Heilpflanzen. Illustriert von Margit (= Margarete Fürstin von Thurn und Taxis) 1905 (Nachdruck Wiesbaden 1980).
Brandl, Katrin/ Gottschalk, Wolfgang/ Popara, Victoria/ Schmitz, Oliver/ Treinen, Juliette: Die Geschichte der Fürstlichen Notstandsküche des Hauses Thurn und Taxis. Regensburg, Schülerwettbewerb 1996/97 (masch.).
Dallmeier, Martin: Margit von Valsassina. Das künstlerische Werk der Fürstin Margarete von Thurn und Taxis. In: Regensburger Almanach 1993, S. 35ff.
Fürstin Margarete von Thurn und Taxis. In: Vier Künstlerinnen in Regensburg. Ausstellungskatalog des Kunst- und Gewerbevereins Regensburg 1982.
Eisele, Willi: Garatshausen – ein fürstlicher Platz. In: Tutzinger Nachrichten 9/83, S. 6f.
Hartenstein, Elfi: Tempora mutantur … Nachgefragt bei Fürstin Margarete von Thurn und Taxis (1870–1955). In: Regensburg: Reise-Lesebuch, hrsg. v. Hubert Ettl/Gerd Burger, Viechtach 2006, S. 106ff.
Heigl, Peter: Fürstin Margarete von Thurn und Taxis, in: Ders., Regensburg privat: ein Gang durch die Stadt, Regensburg 1997, S. 177ff.
Heilmeyer, Alexander: Arbeiten der Fürstin Margarete von Thurn und Taxis. In: Die Plastik Heft 11, 1913, S. 94.
Schirnding, Albert von: Posthorn-Serenade. Regensburg 1992.
S.K.: Thurn und Taxis, Margarete Klementine Maria Fürstin von. Artikel in: Münchner Maler im 19. u. 20. Jahrhundert, bearb. v. Horst Ludwig u .a., München 1994, Bd. 6, S. 415f.

Mariae Gloria von Schönburg-Glauchau S. 151 ff.

Quellen

Fürstin Gloria exklusiv: Ich und das Geld. Vom Glamour-Girl zur Business-Lady. In: Capital, Das Wirtschaftsmagazin 10. Okt. 1993, S. 86ff.
Gloria von Thurn und Taxis: Gloria. Die Fürstin – Im Gespräch mit Peter Seewald. München 2005 (Interview-Autobiographie).
Gloria von Thurn und Taxis u. Alessandra Borghese: Unsere Umgangsformen. Die Welt der guten Sitten von A–Z. München 2004.

außerdem

diverse Artikel der Regensburger „Mittelbayerischen Zeitung“ sowie zahlreiche Berichte anderer Zeitungen, Zeitschriften und Magazine

Literatur

Blumenfeld, Bastian: Der Prinz als Manager eines Milliarden-Vermögens. In: Adel, Schlösser und Millionen. So leben Deutschlands Aristokraten heute, hrsg. v. Hans Schwarz, München 1981, S. 196ff.

Dallmeier, Martin u. Schad, Martha: Das fürstliche Haus Thurn und Taxis. 300 Jahre Geschichte in Bildern. Regensburg 1996. Darin: Fürst Johannes und Fürst Albert II., S. 173ff.

Engelmann, Bernt: Ihr da oben – wir da unten. Reinbek 1981. Darin: Thurn und Taxis. Deutschlands reichster Junggeselle Johannes von Thurn und Taxis, S. 31ff.

Lasko, Wolf W. u. Frenzel, Frank: Die Magie der Erfolgreichen. Wetten, daß auch Ihr Talent geweckt werden kann. Paderborn 1996. Darin: Fürstin Gloria von Thurn und Taxis: „Die Angstgeneration ist tot. Boris Becker lebt. Jeder kann etwas erreichen“, S. 195ff.

Posche, Ulrike: Weibliche Übernahme. Wie Frauen in Deutschland sich die Macht nehmen. Frankfurt/New York 2004. Darin: Fürstin Pfiffigunde. Gloria von Thurn und Taxis sanierte ein marodes Fürstentum. Und sich selbst, S. 140ff.

Schröck, Rudolf: Gloria von Thurn und Taxis. Eine Biographie. Düsseldorf 2004.

Seelmann-Eggebrecht, Rolf u.a.: Deutsche Fürstenhäuser. Neuer Glanz auf alten Kronen. Econ 2000.

Weber, Katy u. Scheele, Martin: Familie von Thurn und Taxis. Donner und Gloria. www.manager-magazin.de, 15. April 2004.

Allgemeine Literatur, Gesamtdarstellungen, Nachschlagewerke

Albrecht, Dieter (Hg.): Regensburg – Stadt der Reichstage. Vom Mittelalter zur Neuzeit. Schriftenreihe der Universität Regensburg Bd. 21, Regensburg 1980.

Behringer, Wolfgang: Thurn und Taxis. Die Geschichte ihrer Post und ihrer Unternehmen. München 1990.

Bosl, Karl (Hg.): Biographisches Wörterbuch zur deutschen Geschichte, Bd. 3, München 1975. Darin: Erwin Probst, Artikel Thurn und Taxis, Sp. 2898–2905.

Dallmeier, Martin (Text): Fürstliche Museen Thurn und Taxis: Schlossmuseum und Kreuzgang. Regensburg 1998. – Ders./Schad, Martha: Das Fürstliche Haus Thurn und Taxis. 300 Jahre Geschichte in Bildern. Regensburg 1996. – Ders./Knedlik, Manfred/Styra, Peter: „Dieser glänzende deutsche Hof...“, 250 Jahre Thurn und Taxis in Regensburg. Ausstellungskatalog, Regensburg 1998. – Ders./Probst, Erwin (Hg.): 500 Jahre Post – Thurn und Taxis. Ausstellungskatalog Regensburg 1990.

Färber, Sigfried: Das Regensburger Fürstlich Thurn- und Taxissche Hoftheater und seine Oper 1760–1786. In: Verhandlungen des Historischen Vereins für Oberpfalz und Regensburg 86, 1936, S. 3–155.

Freitag, Rudolf: Die Kunst im fürstlichen Hause Thurn und Taxis. In: Bayerland 37, 1926, S. 155ff.

Fürnrohr, Wilhelm: Der Immerwährende Reichstag zu Regensburg. Das Parlament des Alten Reiches. In: Verhandlungen des Historischen Vereins für Oberpfalz und Regensburg 103, 1963, S. 165–255.

Gumpelzhaimer, Christian Gottlieb: Regensburgs Geschichte, Sagen und Merkwürdigkeiten von den ältesten bis auf die neuesten Zeiten. Regensburg 1838.

Klein, Thomas: Die Erhebungen in den weltlichen Reichsfürstenstand 1550–1806. In Blätter für deutsche Landesgeschichte 122, 1986, S. 137–192.

Lohner, Anton: Geschichte und Rechtsverhältnisse des Fürstenhauses Thurn und Taxis. Regensburg 1895.

Lübbecke, Fried: Das Palais Thurn und Taxis zu Frankfurt am Main. Frankfurt a. M 1955.

Mehler, Johann Baptist: Das Fürstliche Haus Thurn und Taxis in Regensburg. Zum 150jährigen Residenzjubiläum. Regensburg (1899).

Möseneder, Karl: Feste in Regensburg. Von der Reformation bis in die Gegenwart. Regensburg 1986.

Morby, John E.: Das Fürstenhaus Thurn und Taxis. In: Handbuch der deutschen Dynastien. Düsseldorf 2006, S. 227ff.

Piendl, Max: Thurn und Taxis 1517–1867. Zur Geschichte des fürstlichen Hauses und der Thurn und Taxisschen Post. Sonderdruck des Archivs für deutsche Postgeschichte Heft 1, Frankfurt am Main 1967. – Ders.: Das Fürstliche Haus Thurn und Taxis. Zur Geschichte des Hauses und der Thurn und Taxis-Post. Regensburg 1980. – Ders.: Schloss Thurn und Taxis Regensburg. München 1991. – Ders.: Ein Jahrhundert Schlossbaugeschichte Regensburg 1812–1912. In: Thurn und Taxis-Studien 3, Kallmünz 1963, S. 47–125. – Ders.: Die Fürstlichen Wirkteppiche und ihre Geschichte. In: Thurn und Taxis-Studien 10, Kallmünz 1978, S. 1–107.

Platte, Hartmut: Das Haus Thurn und Taxis in Vergangenheit und Gegenwart. Deutsche Fürstenhäuser Heft 16, 3. Aufl. Werl 2006.

Reichsstadt und Immerwährender Reichstag (1663–1806). 250 Jahre Haus Thurn und Taxis in Regensburg. Beiträge des Regensburger Herbstsymposions zur Kunstgeschichte und Denkmalpflege 1998. Thurn und Taxis Studien Bd. 20, Kallmünz 2001.

Reiser, Rudolf: Adeliges Stadtleben im Barockzeitalter. Internationales Gesandtenleben auf dem Immerwährenden Reichstag zu Regensburg. MBM 17, München 1969. – Ders.: Die Thurn und Taxis. Das Privatleben einer Fürsten-Dynastie. Regensburg 1998.

Sebastian, Fritz: Thurn und Taxis. 350 Jahre Post. Hannover 1948.

Schüdel, Angelika: Ein Fürstenhaus mit Glanz und Gloria. Seit 250 Jahren residiert das Haus Thurn und Taxis in Regensburg. In: Tradition verpflichtet. Große Familien in Bayern, hrsg. v. K. Wohlhüter/K. Hogl, Regensburg 1999, S. 214ff.

Schwennicke, Detlev (Hg.): Europäische Stammtafeln zur Geschichte der europäischen Staaten. Neue Folge Bd. 5, Marburg 1988.

Styra, Peter: „Er macht eigentlich die Honeurs des Reichstages und der Stadt ...“ – Das Fürstliche Haus Thurn und Taxis in Regensburg. In: Geschichte der Stadt Regensburg, hrsg. v. Peter Schmid, Regensburg 2000, Bd.1, S. 163ff. – Ders. (Text): Fürst Thurn und Taxis Museen Regensburg. Regensburg 2007.

Thurn und Taxis. Der Aufstieg einer Unternehmerfamilie. In: DAMALS, Das Magazin für Geschichte und Kultur, 7/2005, S. 12–38, mit Beiträgen von W. Behringer, M. Dallmeier, Uwe A. Oster.

Bildnachweis

Fürst Thurn und Taxis Zentralarchiv, Fotosammlung, Regensburg: S. 97, 98, 100 (Foto: Clemens Meier, 1995), 101, 102 (Foto: Clemens Meier, 1995), 103, 104 (Foto: F. Zink, 1984)

Privatbesitz: S. 99 (Foto: Franz Huber, Train)

Dank

I. D. Mariae Gloria Fürstin von Thurn und Taxis sage ich Dank für die persönliche Hilfe bei der Abfassung ihres Porträttextes in diesem Buch.

Herzlich danke ich Frau Elisabeth Pustet, die mir bei der Kommunikation mit dem Hause Thurn und Taxis hilfreich zur Seite stand.

Mein aufrichtiger Dank gebührt den Damen und Herren des Fürstlichen Zentralarchivs und der Fürstlichen Hofbibliothek, besonders Herrn Dr. Martin Dallmeier für anregende Gespräche; der Universitätsbibliothek Regensburg; des Stadtarchivs Regensburg sowie der Dörnbergschen Stiftung, die mir Einblick in den „Nachlass Dörnberg“ gewährte.

Nicht zuletzt bedanke ich mich bei meiner Lektorin Heidi Krinner-Jancsik für die angenehme und fruchtbare Zusammenarbeit, bei Lektoratsassistentin Evelyn Meyer für die sorgfältige Bildredaktion sowie vor allem bei meinem Ehemann Eckart Eitel für beständigen Zuspruch und anhaltende Geduld.

Register

Personen und Orte